学ぶ人は、
変えて
ゆく人だ。

目の前にある問題はもちろん、

人生の問いや、

社会の課題を自ら見つけ、

挑み続けるために、人は学ぶ。

「学び」で、

少しずつ世界は変えてゆける。

いつでも、どこでも、誰でも、

学ぶことができる世の中へ。

旺文社

10日でできる！

文部科学省後援

英検®2級 二次試験・面接 完全予想問題

[改訂版]

旺文社

Reducing Plastic Waste

Every day, millions of plastic straws are thrown away all over the world. This harms the environment, especially sea animals. Now, some cafés have started a service that offers paper straws instead of plastic ones. Many companies are introducing such a service, and in this way they are reducing the amount of plastic waste. This is an important effort to help the environment.

Your story should begin with this sentence: **One day, Arisa was visiting the beach with her brother on their vacation.**

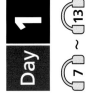

Let's go diving tomorrow.

The next day

Under the water

Video Conferencing Systems

These days, more and more companies allow their employees to work from home. However, it is difficult to communicate with people only by email or phone. Now, many companies are introducing video conferencing systems that enable people to have a discussion with others online. Workers are using such systems, and in this way they can communicate with their colleagues or clients more smoothly.

Your story should begin with this sentence: <u>One day, Yuka, Ryo, and their boss were talking about having a video conference.</u>

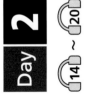

Japanese Manga and Anime

Manga and anime are unique to Japanese culture and are enjoyed by many people, young and old. These days, their art and originality are gradually becoming more accepted worldwide. Now, there are streaming services that provide various Japanese anime online. People around the world use these services, and by doing so they can enjoy popular Japanese anime.

Your story should begin with this sentence: <u>One day, Mr. and Mrs. Fujita were talking about Linda, an exchange student who was staying with them.</u>

Let's take her to a traditional Japanese town.

Later that day

The next weekend

Manga and Anime

Dangers of Smartphones

These days, more and more children have started using smartphones. However, some children may access illegal websites on them. Today, some companies are offering lessons that teach parents how they can control children's use of smartphones. Many parents are taking such lessons, and by doing so they can keep their children from accessing harmful websites. Parents should learn more about the dangers of using smartphones.

Your story should begin with this sentence: **One day, Mr. and Mrs. Suzuki were talking about giving a smartphone to their son, Yuji.**

Cultural Courses for Elderly People

Recently, the number of elderly citizens has been growing larger and larger. As a result, there is an increasing need for activities for them to do in their free time. Now, some local community centers and universities offer cultural courses that progress slower than regular courses. Many elderly people take these courses, and by doing so they can easily learn what they like.

Your story should begin with this sentence: **One day, Mr. and Mrs. Sasaki were talking about their plans for the weekend.**

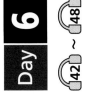

Day 6

New Kinds of Online Services

Nowadays, the Internet allows people to get various goods and services online. Recently, some companies have started services that offer music and movies online at a fixed monthly rate. A lot of people are using such services, and by doing so they can enjoy as many songs and movies as they like. This trend is likely to continue in the future.

Your story should begin with this sentence: One day, Mr. and Mrs. Sato were talking about which English course their daughter should take.

Rescue Robots

Helping people who need to be rescued in accidents and disasters is important. However, it is sometimes also risky. Now, rescue robots have been developed to solve this problem. Rescue teams can control these robots remotely to explore damaged buildings, so they can search for victims caught in dangerous places safely. It is hoped that these robots will help save many people in emergency situations.

Your story should begin with this sentence: **One day, Takumi's teacher was talking to the class.**

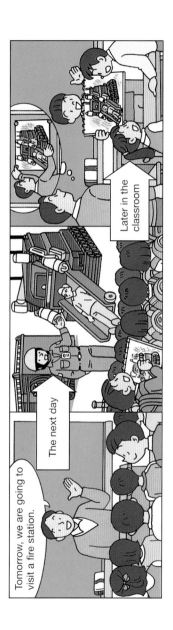

Tomorrow, we are going to visit a fire station.

The next day

Later in the classroom

A New Working Style

Many employees in Japan are stressed from traveling on crowded trains to the office. This has a bad effect on their health and their efficiency at work. Today, some companies are proposing a new working style that allows employees to work from home. Many employees are following this working style, and by doing so they can work more efficiently. This working style may become more common someday.

Your story should begin with this sentence: <u>One day, Mr. and Mrs. Tanaka were talking about moving out of the big city.</u>

A New Style of Shopping

Nowadays, the way people buy things has changed. People choose products not only based on the price or quality, but also on the social impact. Some companies have started selling products that are good for the environment. Many people buy these products, and by doing so they help make a better society. It is likely that this trend will be more popular in the future.

Your story should begin with this sentence: **One day, Ken was talking with his friend Akane about an environmental event for the school festival.**

At the school festival

The next day

Shall we sell handmade shopping bags?

Day 10

70 ~ 76

Simple Japanese

Nowadays, the number of foreign people coming to live in Japan is increasing. Some of them have trouble reading Japanese. Because of this, there is a demand for websites that provide important information in simple Japanese. Now, some Japanese volunteers make such websites, and in this way they help foreign residents know what to do in an emergency. These websites will be needed more in the future.

Your story should begin with this sentence: <u>One day, Akira was talking with his friend Maria about planning an international cooking party.</u>

Shall we hold an international dinner party?

Dinner Par
Dinner Par

The next day

That weekend

英検の二次試験である面接試験に臨むにあたって，受験者の皆さんはどういったことを知りたいでしょうか。「試験の傾向は？」「試験の流れは？」など様々あると思います。本書はこのような皆さんの「知りたい」に応えるべく制作されました。

本書の特長は以下のとおりです。

▶ 予想問題で傾向をつかむ！

問題編には10回分の予想問題を収録しています。実際に声に出して解き，解説をしっかり読んで，面接試験を攻略しましょう。

▶ 動画で面接試験の流れを把握する！

「面接試験が実際にはどのように行われるかわからないため不安」という受験者の方のために，動画を制作しました。動画には面接室での試験の様子はもちろん，会場に到着してから会場を出るまでを映像で収録してありますので，初めての受験で不安な方はぜひ一度ご覧ください。

▶ ウェブ模試で英検 S-CBT 対策もできる！

英検 S-CBT の体験ができる「旺文社 英検対策ウェブ模試」に対応しています。

最後に，本書の刊行にあたり多大なご協力をいただきました，ロイ英語事務所 茅野夕樹先生に，深く感謝の意を表します。

旺文社

もくじ

準備編

面接試験を知ろう！

問題編

面接試験の練習をしよう！

執筆：茅野夕樹（ロイ英語事務所）
編集協力：斉藤　敦，鹿島由紀子，Jason A. Chau
問題作成：株式会社CoCo，株式会社シー・レップス
本文デザイン：尾引美代
イラスト：有限会社アート・ワーク
装丁デザイン：内津　剛（及川真咲デザイン事務所）
動画制作：株式会社ジェイルハウス・ミュージック
録音：ユニバ合同会社

●本書の構成と利用法

本書の問題編の各 Day の構成と利用法は以下の通りです。

このDayで取り組む問題です。英文とイラストは口絵でも見ることができます。

語句と構文
問題に出てきた，覚えておきたい語句と構文をピックアップしました。わからなかったものは覚えるようにしましょう。

音読の攻略
音読をするときの注意点を細かく示してあります。注意点に従って，実際に声に出して何度も練習しましょう。解説中の記号の意味は次の通りです。
太字の単語 …文の中で強く読む部分
↗ …アクセントに注意したい部分
／ …ポーズをとる位置

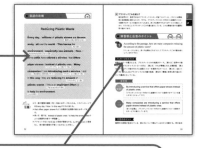

パッセージのポイント
No. 1の質問に答えるためにはパッセージの内容をきちんと理解することが大切です。パッセージの内容を正確に把握できているか，確認しましょう。

イラストのポイント
イラストに関するNo. 2の質問に答えるときにはイラストを正確に把握する必要があります。自分の理解が正しかったか，ここで確認してみましょう。

解答例
質問に対する解答例です。

模範解答例です。

もう少し改善が必要な解答例です。

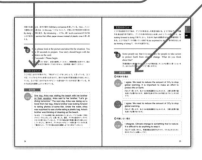

教えて！先生

「教えて！先生」は，面接について不安に思う点に先生が答えてくれるコーナーです。勉強の合間に目を通しましょう。

●音声について

収録内容 音声を聞くことのできる箇所は書籍内で 🎧 **1** と表示しています。

準備編 ▶ 面接試験を知ろう！

🎧 **1** ～ 🎧 **4**	面接試験の流れ
🎧 **5** ～ 🎧 **6**	出題内容

問題編 ▶ 面接試験の練習をしよう！

🎧 **7** ～ 🎧 **13**	Day **1**		🎧 **49** ～ 🎧 **55**	Day **7**
🎧 **14** ～ 🎧 **20**	Day **2**		🎧 **56** ～ 🎧 **62**	Day **8**
🎧 **21** ～ 🎧 **27**	Day **3**		🎧 **63** ～ 🎧 **69**	Day **9**
🎧 **28** ～ 🎧 **34**	Day **4**		🎧 **70** ～ 🎧 **76**	Day **10**
🎧 **35** ～ 🎧 **41**	Day **5**		🎧 **77** ～ 🎧 **78**	2級面接 重要表現・語句
🎧 **42** ～ 🎧 **48**	Day **6**			

● 各DayのQuestions No. 1 ～ No. 4の解答例は，「これで完璧！」の解答例のみ収録しています。

● 各Dayは以下のような流れで収録しています。

Day1 の場合

🎧 **7** ……………… パッセージの黙読指示と，黙読時間（20秒）

🎧 **8** ……………… パッセージの音読

🎧 **9** ……………… 質問（ポーズは各10秒，必要に応じて音声を一時停止してご利用ください）

🎧 **10** ～ 🎧 **13** …… 質問と解答例

再生方法 以下の２通りでご利用いただくことができます。

CDで再生

本書に付属しているCDを再生してください。

※CDの裏面には，指紋，汚れ，傷などがつかないよう，お取り扱いにご注意ください。一部の再生機器（パソコン，ゲーム機など）では再生に不具合が生じることがありますのでご注意ください。

旺文社リスニングアプリ「英語の友」（iOS/Android）で音声再生

❶ 「英語の友」公式サイトより，アプリをインストールします。

https://eigonotomo.com/

（右のQRコードからもアクセスできます）

❷ アプリ内の「書籍音源」メニューから「書籍を追加」ボタンを押し，ライブラリを開きます。

❸ ライブラリより本書を選択し，「追加」ボタンを押します。

> **「英語の友」スピーキング機能について**
> スピーキング機能を利用すると，本書に収録している「出題内容」(p. 22〜28) のテキストを読み上げて発音判定することができます。

※本アプリの機能の一部は有料ですが，本書の音声・スピーキング機能は無料でご利用いただけます。

※アプリの詳しいご利用方法は「英語の友」公式サイト，あるいはアプリ内のヘルプをご参照ください。

※本サービスは予告なく終了されることがあります。

●動画について

収録内容 DVD・ウェブサイト上にて，以下の内容の動画をご覧いただけます。

面接の流れを知ろう

会場に到着してから会場を出るまでの，面接に関するすべてのシーンを見ることができます。全体の流れを把握できるだけでなく，注意点なども詳しく解説しています。

面接のシミュレーションをしよう

面接のシミュレーションを行うことができます。解答用のポーズを設けてありますので，実際に試験に臨む気持ちでチャレンジしてみましょう。シミュレーションで使用されている問題は，本書の「準備編」にある「出題内容」に掲載されている問題と同じです。

※動画の内容のすべては，旺文社が独自に取材をして企画・構成されたものです。実際とは異なる可能性があることをあらかじめご了承ください。

視聴方法 以下の2通りでご利用いただくことができます。

DVDで再生

本書に付属しているDVDを再生してください。

※DVDの裏面には，指紋，汚れ，傷などがつかないよう，お取り扱いにご注意ください。一部の再生機器（パソコン，ゲーム機など）では再生に不具合が生じることがありますのでご注意ください。

ウェブサイトで再生

1 以下のURLにアクセスします。
https://www.obunsha.co.jp/service/eiken_mensetsu/

2 ご購入された書籍を選択します。

3 「面接の流れを知ろう」「面接のシミュレーションをしよう」いずれかの動画を選択し，以下のパスワードを入力します。
x4KsHG

※この視聴サイトの使用により生じた，いかなる事態にも一切責任は負いかねます。
※Wi-Fi環境でのご利用をおすすめいたします。
※本サービスは予告なく終了されることがあります。

●ウェブ模試について

本書では，英検S-CBTの疑似体験ができる「旺文社 英検対策ウェブ模試」を提供しています。

●本書の各Dayに掲載されているのと同じ問題10セットを，パソコンを使ってウェブ上で解くことができます。

●解答を保存でき，復習ができます。（スコア判定の機能はありません）

●特定の問題だけを選んで練習することもできます。

利用方法

❶以下のURLにアクセスします。

https://eiken-moshi.obunsha.co.jp/

❷利用規約を確認し，氏名とメールアドレスを登録します。

❸登録したアドレスにメールが届きますので，記載されたURLにアクセスし，登録を完了します。

❹本書を選択し，以下の利用コードを入力します。

x4KsHG

❺以降の詳しいご利用方法は，次ページの説明と，ウェブ模試内のヘルプをご参照ください。

推奨動作環境

対応OS：Windows 11，10，macOS 10.8以降

ブラウザ：

Windows OSの場合：最新バージョンのMicrosoft Edge, Google Chrome

macOSの場合：最新バージョンのGoogle Chrome

インターネット環境：ブロードバンド　画面解像度：1024×768以上

ブラウザの機能利用には，JavaScript，Cookieの有効設定が必要です。

●スマートフォンやiPadなどのタブレットからはご利用いただけません。

●ご利用のパソコンの動作や使用方法に関するご質問は，各メーカーまたは販売店様にお問い合わせください。

●この模試サービスの使用により生じた，いかなる事態にも一切責任は負いかねます。

●Wi-Fi環境でのご利用をおすすめいたします。

●Warm-upを割愛するなど，実際の試験とは異なる点があります。

●本サービスは予告なく終了されることがあります。

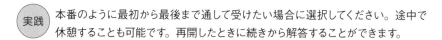

旺文社 英検対策ウェブ模試の進め方

試験を始めるまで

●まず，前ページにある説明に従って，ユーザー登録，書籍の登録をします。

●それが済んだら，「実践」「練習」のどちらを受けるか決めます。

実践 本番のように最初から最後まで通して受けたい場合に選択してください。途中で休憩することも可能です。再開したときに続きから解答することができます。

練習 特定の問題だけ選んで解きたい場合に選択してください。

スピーキングテスト

以下，「実践」を選んだ場合の進め方について説明します。

●最初に，ヘッドセットの音量調整があります。聞こえてくる音量を調整した後，マイクに向かって話しかけ，マイクの音量を調整します。

●以降，画面の指示に従って，マイクに解答を吹き込んでいきます。

解答が終わったら

自分の解答が保存されていますので，後で確認することができます。本書の解説を読んで，自分の解答に何が足りなかったのかを確認しましょう。

準備編

面接試験を知ろう！

「準備編」では英検2級面接試験の問題が
どのような形式で出題されるのか,
どのように進行するのかを確認しましょう。
英検S-CBTのスピーキングテストの
注意点もまとめました。

※本書の内容は, 2023年3月時点の情報に基づいています。
　受験の際には, 英検ウェブサイト等で最新の情報をご確認ください。

面接試験の流れ

ここでは，面接室での試験の流れを，入室から退室まで順を追って見ていきます。
問題部分以外の面接委員との英語でのやりとりも掲載してありますので，あわせて
確認しておきましょう。

1 入室から着席まで

| 1 | 控え室で記入した面接カードを持って，
係員の案内で面接室前へ移動する。 |

| 2 | 面接室前の廊下で順番を待ち，係員の指示で面接室に入る。 |

| 3 | 面接室のドアをノックして入室後，面接委員に面接カードを手渡し，
面接委員の指示で着席する。 |

> **CHECK!**
> ■ドアを開けて，Hello., もしくは午前の試験であれば Good morning.,
> 午後の試験であれば Good afternoon. というあいさつから始めます。入
> 室する前に May I come in? と言っても構いません。
> ■着席したら，手荷物は自分の席の脇に置きましょう。

3 ▶

面接委員： Hello. 「こんにちは」

受験者： Hello. 「こんにちは」

面接委員： Can I have your card, please?
「あなたのカードをいただけますか」

受験者： Yes. Here you are. 「はい。どうぞ」

面接委員： Thank you. Please have a seat.
「ありがとうございます。座ってください」

受験者： Thank you. 「ありがとうございます」

◖2 氏名と受験級の確認

1	氏名の確認をする。

2	受験級の確認をする。

3	簡単なあいさつをする。

CHECK!
■自分の名前はMy name is 〜.と答えましょう。
■面接委員をきちんと見て話しましょう。

1 ▶ 面接委員： My name is Yoshio Tamura. May I have your name, please?
「私の名前はタムラヨシオです。あなたのお名前をお願いします」

受験者： My name is Akiko Yamada. 「私の名前はヤマダアキコです」

2 ▶ 面接委員： Ms. Yamada, this is the Grade 2 test, OK?
「ヤマダさん，これは2級のテストです。よろしいですか」

受験者： OK. 「はい」

3 ▶ 面接委員： How are you today? 「今日の調子はどうですか」
受験者： I'm fine. 「いいです」
面接委員： Good. 「それはよかったです」

1	問題カードを面接委員から受け取る。

2	面接委員の指示に従って，20秒間で問題カードのパッセージを黙読する。

3	面接委員の指示に従って，パッセージを音読する。

CHECK!

■20秒の黙読時間では，パッセージをひととおり読み，概要を理解しましょう。もし時間が余ったら，イラストの確認もしておきましょう。
■音読では，パッセージのタイトルも忘れずに読みましょう。
■音読では，パッセージの意味のまとまり（区切り）や個々の単語の発音に注意しながら，面接委員にはっきりと伝わる声でゆっくりと読むように心掛けましょう。

1 ▶ 面接委員： OK. Let's start the test. This is your card.
　　　　　　「それではテストを始めましょう。これがあなたの問題カードです」

　　　受験者： Thank you. 「ありがとうございます」

2 ▶ 面接委員： First, please read the passage silently for 20 seconds.
　　　　　　「最初に，20秒間でパッセージを黙読してください」

〈20秒後〉

3 ▶ 面接委員： Now, please read it aloud.
　　　　　　「それでは，声に出してパッセージを読んでください」

◀4 Q&Aから退室まで

1 No.1とNo.2の質問をされる。

2 No.2の応答が終わったら，問題カードを裏返して置くように指示される。

3 No.3とNo.4の質問をされる。

4 No.4の応答が終わったら，試験が終わったことを告げられ，問題カードを返すように指示される。

5 あいさつをして退出する。

CHECK! ■No.3とNo.4の質問にはカードを見ないで解答します。面接委員とアイコンタクトを取りながら答えるようにしましょう。
■面接委員にカードを返却するのを忘れないようにしましょう。

1 ▶ 面接委員：Now, I'll ask you four questions.
「では，これから4つの質問をしていきます」

〈中略：No.1とNo.2の質問〉

2 ▶ 面接委員：Now, Ms. Yamada, please turn over the card and put it down.「ではヤマダさん，問題カードを裏返して置いてください」

〈中略：No.3とNo.4の質問〉

4 ▶ 面接委員：This is the end of the test. Could I have the card back, please?「これで試験は終了です。カードを返してもらえますか」
受験者：Here you are. 「どうぞ」

5 ▶ 面接委員：Thank you. You may go now.
「ありがとうございます。もう退室して結構です」
受験者：Thank you. 「ありがとうございます」
面接委員：Goodbye. Have a good day. 「さようなら。よい一日を」
受験者：You, too. 「先生もよい一日を」

15

面接試験について

英検2級の試験形式と面接試験の試験時間，評価対象の1つであるアティチュードについてまとめています。学習を始める前に把握しましょう。

■英検2級試験形式

技能	形式		満点スコア
リーディング	短文の語句空所補充		650
	長文の語句空所補充		
	長文の内容一致選択		
ライティング	英作文		650
リスニング	会話の内容一致選択		650
	文の内容一致選択		
スピーキング	音読	問題カードに掲載されたパッセージを音読する	650
	No.1	問題カードに掲載されたパッセージについての質問に答える	
	No.2	問題カードに掲載されたイラスト（3コマ）を説明する	
	No.3	問題カードのトピックに関連した質問に対し，自分の意見を述べる	
	No.4	日常生活に関連した質問に対し，自分の意見を述べる	

本書で学習するのはココ

■面接試験の試験時間
約7分

● アティチュードって何？

音読やQuestionsの応答に加えて，「アティチュード」が評価対象になっています。アティチュード（attitude）は「態度・姿勢」という意味ですが，具体的には次のような点が評価の対象になっています。

1 積極性
—— 自己表現やコミュニケーションを持続させようとする意欲など

- 自分の発話内容を理解してもらえるように，十分に自己表現しているか。
- 語彙や文法の点で言いたいことがストレートに英語にならなくても，そこであきらめることなく，自分が持っている言語知識を全て活用して言い換えなどをしながら表現し，コミュニケーションを続けようとしているか。

2 明瞭な音声
—— 適切な声の大きさ，発話の明瞭さなど

- 相手が聞き取りに困難を感じない程度の音量で話しているか。
- はっきりと明瞭に話しているか。

3 自然な反応
—— 応答のスムーズさ，不自然な間の排除など

- 面接委員から質問された後に，スムーズに応答できているか。
- 発話の途中で不自然に長い間を置いていないか。
- むやみに何度も聞き返していないか。

以上のような点に留意すればいいのですが，入念に準備をして試験に臨み，「合格したい」という前向きな気持ちを持っていれば，これらのポイントはおのずとクリアできるものです。過度に心配する必要はありません。

面接試験　よくある質問

面接試験の形式や内容はわかっても，それ以外にもまだわからないことがたくさんあって不安…。そんな皆さんのために，よくある質問をまとめました。

（出典：英検ウェブサイト）

Q 1　受験票を紛失してしまいました…
英検サービスセンターにお問い合わせください。

Q 2　受験票が届いたのですが，会場や時間の変更はできますか?
原則として会場や時間の変更はできません。ただし，ダブル受験で同じ日程で別々の会場になった場合は会場を調整いたしますので，英検サービスセンターまでご連絡ください。

Q 3　試験に遅刻しそうなのですが，どうしたらよいですか?
集合時間に遅刻をされた場合，受験をお断りさせていただく場合がございます。会場受付に事情をご説明いただき，その後は会場責任者の指示に従ってください。（試験会場への直接のご連絡はお控えください）
※天災，スト，事故などで電車・バスなどの公共交通機関が遅延・運休した場合などやむを得ない事由で公共交通機関が遅延・運休し，試験会場に到着できなかった場合や，試験時間に間に合わずに受験できなかった場合は，試験翌営業日〜水曜日までのなるべく早いタイミングで英検サービスセンターへご連絡ください。

Q 4　試験当日の天候が心配です。試験当日の実施状況についてはどのように確認できますか?
不測の事態（台風や大雪など）による試験の中止や，開始時間の繰り下げを行う場合は，決定次第英検ウェブサイトで発表いたします。試験当日の朝，必ず英検ウェブサイトのトップページの上部「検定試験に関する重要なお知らせ」で最新の情報をご確認のうえご来場ください。

Q 5　試験の服装について教えてください。
特に指定はありませんが，寒暖に対応できる服装での来場にご協力をお願いします。

Q6　**試験時間について（開始時間，終了時間など）教えてください。**

二次受験票でご案内する集合時間にお集まりください。終了予定時間は，受付を通った時間より60分前後を目安にしてください。ただし，進行状況により前後する場合がありますのでご了承ください。

Q7　**試験会場（本会場）に忘れ物をしてしまいました。**

試験会場内の忘れ物，落とし物等の遺失物は，原則として試験日より1ヶ月間，協会にて保管します。保管期間中に持ち主からのお問い合わせがない場合には処分いたします。

なお，電子機器や貴重品等の一部の物品につきましては試験日から1ヶ月経過後も引き続き保管する場合がございます。受験した会場ではなく，英検サービスセンターにお問い合わせください。

Q8　**インターネットで合否の閲覧はいつからできますか?**

二次試験の約1週間後からネットでの合否結果閲覧が可能です。閲覧開始は，英検ウェブサイトで発表されますのでご確認ください。

お問い合わせ先

●英検ウェブサイト　　https://www.eiken.or.jp/

●英検サービスセンター　TEL 03-3266-8311
　　　　　　　　　　　　（月～金 9:30～17:00　※祝日・年末年始を除く）

英検 S-CBTの
スピーキングテストについて

英検S-CBTでは最初にスピーキングテストを受験します。問題の内容は従来型の二次試験・面接（p.12参照）と同じですが，パソコンに慣れておくなど，しておくとよい準備もあります。ここで，スピーキングテストの流れと必要な対策を把握しましょう。

● 試験の流れ

試験の流れは以下の通りです。

① 案内に従ってスピーキングテストの準備を行います。

② 音量確認，マイク確認後，スピーキングテストが始まります。

③ スピーキングテストの最初に，Warm-upとして簡単な質問をされるのでそれに答えます。その後の試験内容は従来型の二次試験・面接と同じです。
※スピーキングテストの時間は15分です。

● 必要な対策

パソコンを使用する試験なので，パソコンの操作に慣れておく必要があります。以下に，必要な対策をまとめました。

▶ パソコンの画面で英文を読んだり，イラストを見たりする練習

パソコンの画面で英文を読んだり，イラストを見たりすることは，経験がないと集中できない可能性があります。画面で文章・イラストを見ることに慣れておく必要があるでしょう。

▶ マイクに向かって話す練習

面接委員がいる状況と，マイクに向かって話す状況と，どちらの方が話しやすいかは，人によって異なります。試験の当日に，「面接委員がいないと緊張して話せない」という状態に陥ってしまうことを避けるために，まずは相手がいない中でマイクに向かって話す練習をしておきましょう。また，英検S-CBTのスピーキングテストでも，アティチュードは評価されます（アティチュードについてはp.17を参照）。

なお，複数の受験者が同じ試験室で一斉に受験するため，スピーキングテストは周りの人が話している中で，自分の解答を話すことになります。

▶ 時間内に話す練習

二次試験・面接であれば，解答時間を少し過ぎてしまっても言い終えるまで待ってもらえる可能性がありますが，パソコンを使うスピーキングテストでは制限時間が来たら，話している途中でも，そこで解答を切られてしまいます。制限時間内に言いたいことを言い終える訓練をしましょう。

本書に付属の「旺文社 英検対策ウェブ模試」（p.8参照）では，パソコンを使って本番同様の試験を体験することができますので，ぜひ活用してください。

●英検S-CBTウェブサイト　https://www.eiken.or.jp/s-cbt/

● 問題カードの内容

面接委員から手渡される問題カードには次のようなことが書かれています。

Hotels for Pets

Dogs and cats are popular pets. They need a lot of care, so pet owners often find it difficult to go away from home for a long period. Now, there are hotels where pets are taken care of by staff. Pet owners leave their pets at such hotels, and by doing so they can travel more easily. Some pet hotels even provide owners with real-time video of their pets.

Your story should begin with this sentence: **One day, Kohei and his father were talking about their sick dog.**

No. 2の言い出しの文

イラスト

（実際の問題カードはカラーです）

パッセージの訳 **ペットのためのホテル**

犬と猫は人気のあるペットだ。それらには多くの世話が必要なので，ペットの飼い主は長期間家を離れるのが困難だと思うことが多い。今では，スタッフがペットの面倒を見てくれるホテルがある。ペットの飼い主はそのようなホテルに自分のペットを預け，そうすることで彼らはより容易に旅行ができるのである。ペットホテルの中には，飼い主にペットのライブ動画を提供するところさえある。

● 音読と質問の内容

手渡された問題カードをもとに，パッセージの音読と4つの質問がなされます。

音読

問題カードに書かれたパッセージの音読

✔ 音読のポイント

☐ タイトルから読み始める。
☐ パッセージの内容をよく理解しながら，意味の区切りに注意して，大きな声で読む。

　面接委員から問題カードを手渡された後，音読をする前に20秒の時間が与えられる。この黙読時間でパッセージの内容をつかみ，単語の発音や区切りなどの確認をしておこう。パッセージの意味を考えて，強調すべき部分は強く，逆にそうでない部分は弱く，抑揚をつけながら読むように心掛けよう。面接委員にしっかりと聞き取ってもらえるよう，大きな声で読むことも大切だ。タイトルも忘れずに読むようにしよう。

According to the passage, how / why ...?

質問

According to the passage, how can pet owners travel more easily?
「パッセージによると，ペットの飼い主はどのようにしてより容易に旅行ができるのですか」

解答例

> **By leaving their pets at hotels where they are taken care of by staff.**
> 「スタッフがペットの面倒を見てくれるホテルに自分のペットを預けることによってです」

✔ 解答のポイント

☐ According to the passage の後に続く疑問詞が何であるかを確実に聞き取る（通常は how か why）。
☐ 解答が含まれている部分をパッセージの中から探す。
☐ 質問に対する答えとしてふさわしい形になるように，パッセージの英文を加工する。

　No. 1 はパッセージの内容を問う問題で，問題カードを見ながら答えることができる。質問文は According to the passage, ...「パッセージによると…」で始まり，その後に続く疑問詞は，how「どのように」もしくは why「なぜ」を用いたものがほとんどである。そのため，パッセージ中で「理由」や「方法」に関する記述があれば，その部分を問われる可能性が高い。解答となる部分をパッセージから探すときは，質問文中の表現と文脈を示す接続詞などを頼りにしよう。解答するときは，質問に対する答えとしてふさわしい形になるように，代名詞を具体的な言葉に置き換えるなど，加工して答える。

Question No. 2　イラストに関する質問

Now, please look at the picture and describe the situation. You have 20 seconds to prepare. Your story should begin with the sentence on the card.

<20 seconds> Please begin.

質　問

Now, please look at the picture and describe the situation. You have 20 seconds to prepare. Your story should begin with the sentence on the card.

<20 seconds > Please begin.

「では，イラストを見て，状況を説明してください。準備時間は20秒です。話はカードにある文で始めなくてはなりません」
〈20秒後〉「始めてください」

解答例

One day, Kohei and his father were talking about their sick dog. Kohei's father said, "We must take him to the animal doctor." Later at the clinic, the animal doctor was examining the dog. Kohei was worried that the dog would run away. The next day, Kohei's father was giving medicine to the dog. Kohei was thinking of putting a blanket over the dog.

「ある日，コウヘイと父親は具合の悪い飼い犬について話していました。コウヘイの父親は「犬を獣医に連れて行かなければならないね」と言いました。その後診療所で，獣医は犬を診察していました。コウヘイは犬が逃げ出すのではないかと心配していました。翌日，コウヘイの父親は犬に薬を与えていました。コウヘイは犬に毛布を掛けてやろうと考えていました」

✔ 解答のポイント

□ 問題カードにある指定された文で始める。

□ 2コマ目と3コマ目の説明は，イラストの矢印内にある時間や場所を示す表現で始める。

□ 各コマを2文程度で描写する。

□ イラスト内の人物の動作，状況，または発言やイラストが入った吹き出しがあればその内容を説明する。

　No. 2は，問題カードにある3コマから成るイラストの内容を描写する問題である。答える前にイラストを見る時間が20秒与えられるので，その間にどう説明するかを考えよう。解答するときは，イラストを見ながら答えることができる。各コマの2人（2組）の登場人物の動作，状態，もしくは吹き出し中の発言や心理描写をそれぞれ1文ずつで説明する。コマとコマの間にある矢印内には，時間の経過や場所の変化を示す語句があるので，これも利用して答えよう。

　[1コマ目] まず，問題カードにある指定された文（Your story should begin with this sentence: ...「話はこの文で始めなくてはなりません。…」と表記されている，「...」の部分）を読み上げる。続いて，1コマ目にあるせりふの吹き出しを，直接話法（間接話法でもよい）を用いて表現しよう。

　[2コマ目／3コマ目] 1コマ目と2コマ目の間（2コマ目と3コマ目の間）にある，矢印内の表現で始める。状況を2文程度で説明しよう。イラストの入った吹き出しがある場合は，その説明に1文を使う。

Question No. 3　受験者の意見を問う質問

Some people say that ... What do you think about that?

質問

Some people say that it is strange for a dog to wear clothes. What do you think about that?

「犬が服を着るのはおかしいと言う人もいます。あなたはそのことについてどう思いますか」

解答例

○ 同意する場合

I agree. People and dogs are different. Dogs have a natural coat of fur and don't need clothes.

「私もそう思います。人と犬は違います。犬には生まれつきの毛皮があり，服は必要ありません」

○ 同意しない場合

I disagree. Some dogs need clothes in certain weather conditions. Also, owners of such dogs are taking better care of them.

「私はそうは思いません。犬によっては，特定の天候状況では服が必要です。それに，そのような犬の飼い主の方が，犬をより良く世話しています」

✔ 解答のポイント

□ 最初に，同意するか同意しないかを述べる。
□ 自分の意見をサポートする内容を2文程度で述べる。

　No. 3は受験者の意見を問う問題。質問の前に，カードを裏返すよう指示される。カードを見ることはできないので，面接委員の目を見ながら答えるようにしよう。質問は，Some people say that ...「…と言う人もいる」と，まずある意見が紹介され，それに続いてWhat do you think about that?「あなたはそのことについてどう思うか」と聞かれる，といった形式であることが多い。まず，同意するか同意しないかを述べ，続いてその理由や，意見をサポートする具体例などを2文程度で述べよう。

(Today, / These days,) ... Do you think ...?
Yes. → Why?
No. → Why not?

質 問

Buying things on the Internet is becoming popular. Do you think it is a good way to shop?

「インターネットで物を買うことが一般的になりつつあります。これは良い買い物の方法だと, あなたは思いますか」

解答例

○ **Yes. → Why? の場合**

It allows people to buy products that aren't sold in shops near their home. They can even buy foreign products on the Internet.

「家の近くの店では売られていない商品を買うことができます。インターネットでは 外国の製品を買うこともできます」

○ **No. → Why not? の場合**

I think shopping on the Internet is dangerous. It's easy for people to steal your personal information.

「インターネットでの買い物は危険だと思います。個人情報を盗むのは簡単です」

✓ 解答のポイント

☐ まず Yes. / No. と答えて, 自分の意見の立場を明確にする。

☐ 続いて, Why? / Why not? と理由を尋ねられるので, 2文程度で答える。

　No. 4は受験者の意見を問う問題。通常, 問題カードのトピックとは全く関係のない質問である。No. 3同様, 面接委員の目を見ながら答えよう。質問文は, (最近の) ある事柄の傾向などについて Yes. / No. で答えられる形で尋ねられる。続いて, Why? / Why not? と尋ねられるので, その理由を答えよう。

問題編

面接試験の練習をしよう!

「問題編」では,
「準備編」で学んだポイントを思い出しながら,
実際に面接試験の練習をしましょう。
試験の傾向に合わせて作られた問題ですので,
何度も繰り返し練習すれば,
合格にぐんと近づくことができますよ!

Reducing Plastic Waste

Every day, millions of plastic straws are thrown away all over the world. This harms the environment, especially sea animals. Now, some cafés have started a service that offers paper straws instead of plastic ones. Many companies are introducing such a service, and in this way they are reducing the amount of plastic waste. This is an important effort to help the environment.

Your story should begin with this sentence: **One day, Arisa was visiting the beach with her brother on their vacation.**

No. 1 According to the passage, how are many companies reducing the amount of plastic waste?

No. 2 Now, please look at the picture and describe the situation. You have 20 seconds to prepare. Your story should begin with the sentence on the card.
<20 seconds> Please begin.

Now, Mr. / Ms. ——, please turn over the card and put it down.

No. 3 Some people say that it is necessary for people to take action to protect Earth from climate change. What do you think about that?

No. 4 These days, more and more people like to read e-books. Do you think people will stop reading paper books in the future?
Yes. と答えた場合 → Why?
No. と答えた場合 → Why not?

語句 と 構文

waste [weɪst] 图 廃棄物	**sea animal** 海洋動物
millions of 数百万の〜	**café** [kæféɪ] 图 カフェ
throw away 〜を捨てる	**amount** [əmáunt] 图 量
harm [hɑːrm] 動 〜に害を与える	**introduce** [intrədjúːs] 動 〜を導入する
environment [ɪnváɪərənmənt] 图 環境	

Reducing Plastic Waste

Évery day, / **míllions** of **plástic straws** are **thrown**

<small>冒頭のsの後に母音を入れない</small>

awáy / **all** over the **world**. / **This harms** the

<small>[ði]と読む</small>

envíronment, / **espécially sea ánimals**. / **Now**, /

<small>[ɪnváɪərənmənt]のアクセント注意</small>

some **cafés** have **stárted** a **sérvice** / that **óffers**

páper straws / **instéad** of **plástic** ones. / **Mány**

<small>「インステッダヴ」という感じで一気に</small>

cómpanies (/) are **introdúcing such** a **sérvice**, / and

<small>一気に読めない場合は短いポーズ</small>　<small>「サッチァ」という感じで一気に</small>

in **this way** / they are **redúcing** the **amóunt** of

<small>「アマウンタヴ」と一気に</small>

plástic waste. / This is an **impórtant éffort** (/)

<small>This is anはまとめて読む</small>

to **help** the **envíronment**.

<small>[tə]と弱音化</small>

ここに
注意!

▶ 文・節の冒頭の副詞（句）の後にはポーズを入れる。このパッセージでは Every day / Now / in this way がそれに当たる。

▶ that offers paper straws のような関係代名詞節の前にはポーズを入れる。

▶ 長い文・節では，instead of plastic ones / to help the environment のような副詞句の前で一呼吸置く。

▶ アクセントのない to は [tə] と母音が弱音化する。a, of も [ə], [əv] と弱音化し，前の語の語尾の子音とつながることが多い。

訳 プラスチックごみを減らす

毎日世界中で，数百万本ものプラスチックストローが捨てられている。このことは環境，特に海洋動物に害をもたらす。今では，プラスチックストローの代わりに紙製のストローを提供するサービスを始めたカフェもある。多くの企業がそのようなサービスを導入しており，そうすることでプラスチックごみの量を減らしている。これは環境を助ける重要な取り組みである。

● 解答例と応答のポイント

 According to the passage, how are many companies reducing the amount of plastic waste?

「パッセージによると，多くの企業はどのようにしてプラスチックごみの量を減らしているのですか」

パッセージのポイント

紙製ストローの導入による，プラスチックごみの削減がテーマ。［第1文］世界中で捨てられるプラスチックストローの多さ，［第2文］それが環境に与える悪影響，［第3文］プラスチック製の代わりに紙製ストローを提供するサービス，［第4文］（紙ストローの）導入によるプラスチックごみの量の削減，［第5文］環境に有用な取り組みだ，という構成になっている。

解答例

これで
完璧！

By introducing a service that offers paper straws instead of plastic ones.

「プラスチックストローの代わりに紙製のストローを提供するサービスを導入することによってです」

もう
ひと息

Many companies are introducing a service that offers paper straws instead of plastic ones.

「多くの企業は，プラスチックストローの代わりに紙製のストローを提供するサービスを導入しています」

応答のポイント

質問中の表現が含まれている，第4文について尋ねているのだと判断する。同文後半

33

の節の主語theyは，前半の節の主語Many companiesを指している。How ...? という質問に対する答えは，in this way「このようにして」が指し示す同文前半の部分をBy *doing* ... の形に変え，By introducing ... とする。続くsuch a serviceはそれが指し示す前文のa service that offers paper straws instead of plastic onesと差し替える。

Now, please look at the picture and describe the situation. You have 20 seconds to prepare. Your story should begin with the sentence on the card.
<20 seconds> Please begin.

「では，イラストを見て，状況を説明してください。準備時間は20秒です。話はカードにある文で始めなくてはなりません。〈20秒後〉始めてください」

イラストのポイント

［1コマ目］女の子が男の子に，「明日ダイビングをしましょう」と言っている。［2コマ目］バッグからタオルを取り出す女の子。男の子は魚の写真を撮るのを楽しみにしている。［3コマ目］女の子はカメがビニール袋を食べているのを見て驚いている。男の子は浜辺を掃除しようと考えている。

解答例

One day, Arisa was visiting the beach with her brother on their vacation. Arisa said to her brother, "Let's go diving tomorrow." The next day, Arisa was taking out a towel from her bag. Arisa's brother was looking forward to taking photos of some fish. Under the water, Arisa was surprised to see a turtle eating a plastic bag. Arisa's brother was thinking of cleaning up the beach.

「ある日，アリサは休暇で弟と浜辺を訪れていました。アリサは弟に「明日ダイビングをしましょう」と言いました。翌日，アリサは自分のバッグからタオルを取り出していました。アリサの弟は魚の写真を撮るのを楽しみにしていました。海の中で，アリサはカメがビニール袋を食べているのを見て驚きました。アリサの弟は浜辺を掃除しようかと考えていました」

応答のポイント

1コマ目は指定の文で始め，アリサの吹き出しの発言を続ける。2コマ目はアリサの動作を過去進行形で描写し，アリサの弟の吹き出しは楽しみにしている様子から，*be* looking forward to *doing*で表すとよい。ちなみにfishは複数形もfish（単複同形）である。3コマ目はアリサの驚いている様子を*be* surprised to *do*で，弟の吹き出しは*be* thinking of *doing*で，それぞれ描写する。

Some people say that it is necessary for people to take action to protect Earth from climate change. What do you think about that?

「気候変動から地球を守るために人々は行動を起こすことが必要だと言う人もいます。あなたはそのことについてどう思いますか」

解答例

● 同意する場合

I agree. We need to reduce the amount of CO$_2$ to stop global warming. It is important to make an effort to protect life on Earth.

「私もそう思います。私たちは地球温暖化を止めるため，二酸化炭素の量を減らす必要があります。地球の生命を守るための努力をすることが大切です」

I agree. We need to reduce the amount of CO$_2$ to stop global warming.

「私もそう思います。私たちは地球温暖化を止めるため，二酸化炭素の量を減らす必要があります」

● 同意しない場合

I disagree. Climate change is something that is natural. It is difficult to do anything to stop it.

「私はそうは思いません。気候変動は自然のものです。それを止めるために何かをすることは難しいです」

I disagree. Climate change is something that is natural.
「私はそうは思いません。気候変動は自然のものです」

I agree. と答える場合，理由付けの2つの文を作るために，何か具体的な方策を考える必要がある。二酸化炭素（CO_2）の削減の必要性にまず言及するのがよい。そして，解答例のように努力が必要だという一般論を述べるか，We should use trains and buses more instead of traveling by car.「自動車で移動する代わりに，もっと鉄道やバスを使うべきです」とさらに詳細な策を提案するのもよい。I disagree. の場合は，解答例のように自然現象なので何かをすることは難しい，もしくは何もするべきではないという理由付けになるだろう。

No. 4
These days, more and more people like to read e-books. Do you think people will stop reading paper books in the future?
Yes.と答えた場合　→ Why?
No.と答えた場合　→ Why not?

「近ごろは，電子書籍を読むことを好む人がどんどん増えています。人々は将来紙の本を読むことをやめると，あなたは思いますか」
「はい」と答えた場合→「なぜですか」
「いいえ」と答えた場合→「なぜですか」

解答例

○ Yes.と答えた場合 → Why?

E-books are lighter and easier to carry. Also, they are good for the environment because there is no need to use paper to make them.
「電子書籍の方が軽く，持ち運ぶのが簡単です。また，作るために紙を必要としないので，環境にも良いです」

E-books are lighter and easier to carry.
「電子書籍の方が軽く，持ち運ぶのが簡単です」

● No.と答えた場合 → Why not?

これで
完璧!

E-book devices cost a lot of money and their batteries run out quickly. Also, reading e-books for a long time may hurt our eyes.

「電子書籍の装置は費用が多くかかり，電池もすぐに切れてしまいます。また，電子書籍を長時間読むと目を傷めるかもしれません」

もう
ひと息

E-book devices cost a lot of money and their batteries run out quickly.

「電子書籍の装置は費用が多くかかり，電池もすぐに切れてしまいます」

応答のポイント

自分は電子書籍・紙の本のどちらを好むか，その理由は何かをもとに考えると，答えを作りやすい。Yes. の場合は，解答例で挙げられた電子書籍の携帯性や省資源であるという利点のほか，E-books require less space than paper books do. 「電子書籍は紙の本よりもスペースを取りません」のように，省スペースなどのメリットを理由として挙げることができるだろう。No. の場合は，解答例のように電子書籍のデメリットと考えられる点を挙げるほか，A certain number of people will continue to read paper books. They like the feeling of turning paper pages. 「一定数の人々は紙の本を読み続けるでしょう。彼らは紙のページをめくる感触が好きなのです」といった，紙の本の良さを示す答えも考えられる。

教えて!
先生　**パッセージを黙読する速度について**

2級のパッセージは60語程度です。20秒間で黙読するとき，1つ1つの単語の意味を考えながらゆっくり読んでいては，時間があっという間に過ぎ，全文を読み終えないまま音読に入ることになってしまいます。黙読は速読を心掛け，「意味のかたまり（chunk）」ごとに読み，書かれている内容の把握を心掛けましょう。速読に慣れるには，時間を計りながら英文を読む練習をするといいでしょう。2級の場合は「1分間に200語のスピード」を目安にしましょう。

Video Conferencing Systems

These days, more and more companies allow their employees to work from home. However, it is difficult to communicate with people only by email or phone. Now, many companies are introducing video conferencing systems that enable people to have a discussion with others online. Workers are using such systems, and in this way they can communicate with their colleagues or clients more smoothly.

Your story should begin with this sentence: **One day, Yuka, Ryo, and their boss were talking about having a video conference.**

Questions

No. 1 According to the passage, how can workers communicate with their colleagues or clients more smoothly?

No. 2 Now, please look at the picture and describe the situation. You have 20 seconds to prepare. Your story should begin with the sentence on the card.
<20 seconds> Please begin.

Now, Mr. / Ms. ——, please turn over the card and put it down.

No. 3 Some people say that by using the Internet to communicate, companies can spend less money on employee business trips. What do you think about that?

No. 4 Many people go to foreign countries to study English. Do you think it is a good way to study English?
Yes.と答えた場合 → Why?
No.と答えた場合 → Why not?

語句 と 構文

conferencing [ká(:)nfərənsɪŋ] 图 (ビデオなどによる) 会議
allow ~ to *do* ~が…することを許可する, 可能にする
employee [ìmplɔ́ií:, ìmplɔ́ii:] 图 従業員, 社員
communicate [kəmjú:nɪkèɪt] 動 意思を通じ合う, 通信する

enable ~ to *do* ~が…できるようにする
online [à(:)nláɪn] 副 オンラインで
colleague [ká(:)li:g] 图 同僚
client [kláɪənt] 图 顧客, 依頼人
smoothly [smú:ðli] 副 円滑に, 順調に

Video Conferencing Systems

These days, / **more** and **more cómpanies allów** their
「モアランモア」のような感じで一気に　　　[əláu]の発音注意

employées / to **work** from **home**. / **Howéver**, / it is

dífficult to **commúnicate** with **péople** / **ónly** by **émail**
[kəmjú:nɪkèɪt]のアクセント注意

or **phone**. / **Now**, / **mány cómpanies** are **introdúcing**
[ìntrədjú:sɪŋ]のアクセント注意

vídeo cónferencing sýstems / that **enáble** people to

have a **discússion** (/) with **óthers onlíne**. / **Wórkers**
「ハヴァ」とひとかたまりで　　　　　　　はっきりと読む

are **úsing such sýstems**, / and in **this way** / they can

commúnicate with their **cólleagues** or **clíents** / **more**
[kəmjú:nɪkèɪt]のアクセント注意　　　　　　　[aɪə]の発音注意

smóothly.

ここに
注意!

▶ 文頭の副詞（句）の後にはポーズを入れる。このパッセージではThese days / However / Nowがそれに当たる。

▶ onlyのoは [ou]，enableのaは [ei] で，二重母音である。「オンリー」のような短母音，「イネーブル」のような長母音の発音にならないように注意する。

▶ that enable people ... のような関係代名詞節の前にはポーズを入れる。

▶ 長い文・節では，文末のwith others onlineのような副詞節の前で一呼吸置く。

訳 ビデオ会議システム

近ごろ，ますます多くの企業が，従業員が自宅で仕事をすることを認めている。しかし，Eメールや電話だけで人々とコミュニケーションを取るのは難しい。今では，多くの企業が，人々がオンラインでほかの人たちと話し合いをすることを可能にするビデオ会議システムを導入している。働く人たちはそのようなシステムを使い，そしてこのようにして自分たちの同僚や顧客とより円滑にコミュニケーションを取ることができるのである。

● 解答例と応答のポイント

 According to the passage, how can workers communicate with their colleagues or clients more smoothly?

「パッセージによると，働く人たちはどのようにして同僚や顧客とより円滑にコミュニケーションを取ることができるのですか」

パッセージのポイント

在宅勤務でも，オンラインで同僚や顧客との円滑なコミュニケーションを可能にするビデオ会議がテーマ。［第1文］在宅勤務の増加，［第2文］Eメールや電話だけでのコミュニケーションの難しさ，［第3文］多くの企業がビデオ会議システムを導入，［第4文］ビデオ会議により働く人たちは円滑なコミュニケーションが可能になる，という構成になっている。

解答例

 By using video conferencing systems that enable people to have a discussion with others online.

「人々がオンラインでほかの人たちと話し合いをすることを可能にするビデオ会議システムを使うことによってです」

 Workers are using video conferencing systems that enable people to have a discussion with others online.

「働く人たちは，人々がオンラインでほかの人たちと話し合いをすることを可能にするビデオ会議システムを使っています」

応答のポイント

質問中のcommunicate, colleagues, clients, more smoothlyが含まれる第4文につ

いて尋ねているのだと判断する。How ...? という質問に対する答えは，in this way「このようにして」が指し示す同文前半の部分をBy doing ... の形に変え，By using ... とする。続くsuch systems は，それが指し示す前文のvideo conferencing systems that enable people to have a discussion with others onlineと差し替える。

Now, please look at the picture and describe the situation. You have 20 seconds to prepare. Your story should begin with the sentence on the card.

<20 seconds> Please begin.

「では，イラストを見て，状況を説明してください。準備時間は20秒です。話はカードにある文で始めなくてはなりません。〈20秒後〉始めてください」

イラストのポイント

［1コマ目］オフィスで話す上司と，それを聞いている男女2人の部下。上司が「ビデオ会議の準備をしてください」と言っている。［2コマ目］コンピューターにカメラを取り付ける女性社員。書類を印刷することを考えている男性社員。［3コマ目］2人がコンピューターを前に座り，女性社員はマイクに向かって話している。男性社員は手を挙げようと考えている。

解答例

One day, Yuka, Ryo, and their boss were talking about having a video conference. The boss said, "Please get ready for a video conference." A few minutes later, Yuka was attaching a camera to a computer. Ryo was thinking of printing out some documents. During the video conference, Yuka was talking over a microphone. Ryo was thinking of raising his hand.

「ある日，ユカ，リョウ，そして彼らの上司がビデオ会議をすることについて話をしていました。上司は「ビデオ会議の準備をしてください」と言いました。数分後，ユカはカメラをコンピューターに取り付けていました。リョウは書類を印刷しようかと考えていました。ビデオ会議の間，ユカはマイクを通して話していました。リョウは手を挙げようかと考えていました」

1コマ目は指定の文で始め，上司の吹き出しの発言を続ける。2コマ目，3コマ目とも，それぞれの登場人物の動作を過去進行形で答えよう。ユカの行動はwas *doing*，リョウの考えはwas thinking of *doing*の形を使って表現する。2コマ目のユカのしているような動作を表すattach〜to ...「〜を…に接続する」は覚えておきたい表現。リョウの考えはmaking copies of the document「書類のコピーを取る」としてもよい。3コマ目のtalking over a microphoneの前置詞overは「〜を使って」という手段を表す用法で，代わりにonを使ってもOKだ。

Some people say that by using the Internet to communicate, companies can spend less money on employee business trips. What do you think about that?

「連絡を取るためにインターネットを使うことで，会社は従業員の出張旅費を減らすことができると言う人もいます。あなたはそのことについてどう思いますか」

○ 同意する場合

これで
完璧！

I agree. I think that the Internet is very convenient for business meetings. Traveling takes a lot of time as well as money.

「私もそう思います。インターネットはビジネスの会議のためにはとても便利だと思います。移動するにはお金だけでなく，時間もたくさんかかります」

もう
ひと息

I agree. I think that the Internet is very convenient for business meetings.

「私もそう思います。インターネットはビジネスの会議のためにはとても便利だと思います」

● 同意しない場合

I disagree. It's necessary for employees to meet people directly. Talking in person is important to do business properly.

「私はそうは思いません。従業員が直接人と会うことは必要です。きちんと仕事をするためには，じかに話すことが重要です」

I disagree. It's necessary for employees to meet people directly.

「私はそうは思いません。従業員が直接人と会うことは必要です」

応答のポイント

質問文中の the Internet「インターネット」，companies「会社」，less money「より少ないお金」，employee business trips「従業員の出張」などのキーワードの意味を確実に理解する必要がある。インターネットを通信手段として使うことで，従業員の出張旅費が抑えられることについて，まずはそれが良いシステムと思うかどうかを考えよう。良いと思う場合は，コストを減らせるメリットに加えて時間も削減できるといったそのほかのメリットを，良いと思わない場合は，直接会って話すことのメリットを説明する。

Many people go to foreign countries to study English. Do you think it is a good way to study English?

Yes.と答えた場合　→　Why?

No.と答えた場合　→　Why not?

「多くの人が英語を勉強するために外国へ行きます。それは英語を勉強するのに良い方法だと，あなたは思いますか」
「はい」と答えた場合→「なぜですか」
「いいえ」と答えた場合→「なぜですか」

解答例

● Yes. と答えた場合 → Why?

There are many more chances to speak English in a foreign country. People can improve their English much faster there.

「外国では英語を話す機会がはるかにたくさんあります。人々はそこでは,はるかに早く英語を上達させることができます」

There are many more chances to speak English in a foreign country.

「外国では英語を話す機会がはるかにたくさんあります」

● No. と答えた場合 → Why not?

There are many things people can do to improve their English in Japan. It costs too much to study in a foreign country.

「英語を上達させるために,人々が日本でできることはたくさんあります。外国で勉強するのは費用がかかり過ぎます」

There are many things people can do to improve their English in Japan.

「英語を上達させるために,人々が日本でできることはたくさんあります」

応答のポイント

英語を上達させるために,外国でなければできないこと,または外国の方が有利なことは何か,一方,日本でもできること,または日本の方が有利なことは何か,という考えをもとに自分の意見を組み立てよう。Yes. の解答例は,外国ならではの良い環境についてまず述べて,2文目で,その結果,早く英語が上達するだろうとまとめている。No. の解答例は,日本でもできることがあることと,費用がかかることの2つを理由として挙げている。なお,No. の場合の2文目は,There are many good materials to study English with that are available even in Japan. 「日本でも英語を勉強するのに利用できる良い教材がたくさんあります」など,1文目をさらに具体的にサポートする例を挙げてもよいだろう。

Japanese Manga and Anime

Manga and anime are unique to Japanese culture and are enjoyed by many people, young and old. These days, their art and originality are gradually becoming more accepted worldwide. Now, there are streaming services that provide various Japanese anime online. People around the world use these services, and by doing so they can enjoy popular Japanese anime.

Your story should begin with this sentence: **One day, Mr. and Mrs. Fujita were talking about Linda, an exchange student who was staying with them.**

Questions

No. 1
According to the passage, how can people around the world enjoy popular Japanese anime?

No. 2
Now, please look at the picture and describe the situation. You have 20 seconds to prepare. Your story should begin with the sentence on the card.
<20 seconds> Please begin.

Now, Mr. / Ms. ——, please turn over the card and put it down.

No. 3
Some people say that Japanese people should read more regular books instead of comic books. What do you think about that?

No. 4
Today, televisions with large screens are very popular. Do you think television screens will be even bigger in the future?
Yes.と答えた場合 → Why?
No.と答えた場合 → Why not?

語 句 と 構 文

unique [juníːk] 形 固有の
culture [kʌ́ltʃər] 图 文化
art [ɑːrt] 图 芸術，技術
originality [ərìdʒənǽləṭi] 图 独自性
gradually [grǽdʒuəli] 副 次第に

become accepted 受け入れられる
worldwide [wə̀ːrldwáid] 副 世界中に
streaming service 配信サービス
provide [prəváid] 動 ～を提供する

Jápanese Mánga and Ánime

Mánga and **ánime** are **uníque** to **Jápanese cúlture** /
[juníːk] の発音注意

and are **enjóyed** by **mány péople**, (/) **young** and **old**. /
young and old は一気に

These days, / their **art** and **originálity** (/) are
一気に読めなければ are の前に短いポーズ

grádually becoming **more accépted** (/) **worldwíde**. /

Now, / there are **stréaming sérvices** / that **províde**
関係代名詞の前にポーズ

várious Jápanese ánime onlíne. / **Péople** around the
[véəriəs] のアクセント注意 　　People から world を一気に

world use these sérvices, / and by **doing** so / they

can **enjóy pópular Jápanese ánime**.
[pá(ː)pjulər] のアクセント注意

ここに
注意!

▶ 文頭の副詞（句）の後にはポーズを入れる。このパッセージでは These days / Now がそれに当たる。

▶ that 節の前にはポーズを入れる。

▶ ,（カンマ）や and で文が続いている場合は，意味の切れ目になっているので，その前にポーズを入れるとよい。

▶ Japanese は通常 -nése の方にアクセントを置くが，形容詞の限定用法（前から名詞を修飾する）の場合は，Jáp- の方にアクセントを置く。

訳 日本のマンガとアニメ

マンガとアニメは日本文化に独特のもので，老いも若きも多くの人によって楽しまれている。近ごろ，その芸術性と独自性が次第に世界中で受け入れられるようになっている。今では，いろいろな日本のアニメをオンラインで提供する配信サービスがある。世界中の人々がこのようなサービスを利用し，そうすることによって日本の人気アニメを楽しむことができるのである。

● 解答例と応答のポイント

According to the passage, how can people around the world enjoy popular Japanese anime?

「パッセージによると，どのようにして世界中の人々は日本の人気アニメを楽しむことができるのですか」

パッセージのポイント

日本のマンガとアニメの世界での受け入れられ方の変化がテーマ。［第1文］マンガとアニメが日本特有の文化であること，［第2文］マンガとアニメの良さが世界でより理解されるようになってきたこと，［第3文］アニメを提供する配信サービスの登場，［第4文］これにより世界中の人々が日本のアニメを楽しめる，という構成。

解答例

By using streaming services that provide various Japanese anime online.

「いろいろな日本のアニメをオンラインで提供する配信サービスを利用することによってです」

People around the world use streaming services that provide various Japanese anime online.

「世界中の人々はいろいろな日本のアニメをオンラインで提供する配信サービスを利用します」

応答のポイント

質問文中の表現が第4文に見つけられる。How ...? という質問に対する答えは，by doing so が指し示す同文前半部分にある。この部分を By doing ... の形に変え，By

49

using ... とする。続く these services はそれが指し示す前文の streaming services that provide various Japanese anime online と差し替える。

Now, please look at the picture and describe the situation. You have 20 seconds to prepare. Your story should begin with the sentence on the card.
<20 seconds> Please begin.

「では，イラストを見て，状況を説明してください。準備時間は20秒です。話はカードにある文で始めなくてはなりません。〈20秒後〉始めてください」

イラストのポイント

［1コマ目］パンフレットを手に話している中年の夫婦。夫が「日本の伝統的な町に彼女を連れて行ってあげよう」と言っている。［2コマ目］女の子を日本の伝統的な町へ誘う夫婦。女の子はそれを嫌がっている。［3コマ目］マンガとアニメを扱う店で夫婦はマンガを見ている。女の子は人形を買おうと考えている。

解答例

これで
完璧！

One day, Mr. and Mrs. Fujita were talking about Linda, an exchange student who was staying with them. Mr. Fujita said to his wife, "Let's take her to a traditional Japanese town." Later that day, Mr. and Mrs. Fujita suggested that they go to a traditional Japanese town. Linda didn't want to go there. The next weekend, Mr. and Mrs. Fujita were looking at a comic book. Linda was thinking of buying some dolls.

「ある日，フジタ夫妻は，彼らの家に滞在している交換留学生のリンダのことを話していました。フジタさんは妻に，「伝統的な日本の町に彼女を連れて行ってあげよう」と言いました。その日の後ほど，フジタ夫妻は伝統的な日本の町に行くことを提案しました。リンダは行きたがりませんでした。次の週末，フジタ夫妻はマンガの本を見ていました。リンダは人形を買おうかと考えていました」

応答のポイント

与えられた文と1コマ目のせりふから，イラストの状況を素早く把握することが大切だ。2コマ目の吹き出しは，1コマ目のせりふから，2人が伝統的な日本の町へ彼女を

連れて行こうと提案しているのだとわかる。提案を表すときは，suggest (that) ... *do* が便利だ。この文では that 節の動詞は常に原形であることに注意。リンダの様子から，その提案を喜んでいないことがわかる。3コマ目は，夫婦の行動を過去進行形で，リンダの考えを was thinking of *doing* で，それぞれ描写する。

No. 3

Some people say that Japanese people should read more regular books instead of comic books. What do you think about that?

「日本の人たちはマンガの本の代わりにもっと普通の本を読むべきだと言う人もいます。あなたはそのことについてどう思いますか」

解答例

○ 同意する場合

これで**完璧!**

I agree. I know some comic books are very good. But people should read more books without pictures and use their imagination more.

「私もそう思います。マンガの本の中にはとても良いものもあることは知っています。けれども，人々は絵のない本をもっと読んで，もっと自分の想像力を使うべきです」

もう**ひと息**

I agree. People should read more books without pictures and use their imagination more.

「私もそう思います。人々は絵のない本をもっと読んで，もっと自分の想像力を使うべきです」

○ 同意しない場合

これで**完璧!**

I disagree. I think many people already read a lot of books. Also, some comic books provide as much information as regular books.

「私はそうは思いません。多くの人はすでにたくさんの本を読んでいると思います。また，マンガの本にも普通の本と同じくらい多くの情報を与えてくれるものがあります」

I disagree. I think many people already read a lot of books.

「私はそうは思いません。多くの人はすでにたくさんの本を読んでいると思います」

応答のポイント

No. 3およびNo. 4の解答では，自分の立場について2つの文で理由付けや説明をするのが基本だが，その内容が思い浮かばない場合もあるだろう。I agree. の解答例は，「本を読んで想像力を使うべき」という主張の前に，「マンガにも良いものがあることは知っているが…」とマンガの良さも認めている。このように，対立する意見を一部認めて，「だがしかし」と続ける組み立て方もある。I disagree. の方は，質問文から読み取れる「日本の人々は普通の本を読んでいない」，「マンガは普通の本ほど良くない」という2つの前提に反論する方法である。「多くの人はたくさん本を読んでいる」，「多くの情報を与えるマンガもある」という2つの視点で，それぞれの前提に異議を唱えている。理由を列挙する場合は，2文目をAlsoで始めるとスムーズに説明できる。

4

Today, televisions with large screens are very popular. Do you think television screens will be even bigger in the future?

Yes.と答えた場合　→ Why?

No.と答えた場合　→ Why not?

「今日，大画面のテレビはとても人気があります。将来，テレビの画面はさらに大きくなると，あなたは思いますか」
「はい」と答えた場合→「なぜですか」
「いいえ」と答えた場合→「なぜですか」

解答例

○ Yes.と答えた場合 → Why?

TV programs are more exciting to watch on a large screen. I think we will have large screens like movie theaters in the future.

「テレビ番組は大きな画面で見た方が，より面白いです。将来は，映画館のように大きなテレビ画面になると思います」

TV programs are more exciting to watch on a large screen.

「テレビ番組は大きな画面で見た方が，より面白いです」

● No. と答えた場合 → Why not?

Our TV screen is already big enough for our living room. TVs with different features, like voice control, will be popular in the future.

「テレビの画面はすでに私たちの居間には十分な大きさです。将来は音声操作のような，別の特徴を持ったテレビの人気が出ると思います」

Our TV screen is already big enough for our living room.

「テレビの画面はすでに私たちの居間には十分な大きさです」

応答のポイント

「テレビ画面が将来もっと大きくなると思うか」という質問に対して答える。解答例のように，「ユーザーの好みや事情はどうか」といった観点から自分の意見に理由付けをすることができるだろう。Yes. の解答例は，大画面の良さを説明した上で将来起こりそうなことを述べている。解答例以外にも，技術的な見通しとして，The TV screen will be larger and thinner.「テレビの画面はより大きく，薄くなるでしょう」といった意見も考えられる。No. の解答例は，将来，もっと画面が大きくなる可能性を部屋の広さとの対比から否定し，大きさ以外の特徴を持つテレビの人気が出るだろうと述べている。ほかにも，A screen too large for small Japanese rooms may hurt our eyes.「日本の狭い部屋に対して大き過ぎる画面では目を悪くするかもしれません」などの意見が考えられる。

Dangers of Smartphones

These days, more and more children have started using smartphones. However, some children may access illegal websites on them. Today, some companies are offering lessons that teach parents how they can control children's use of smartphones. Many parents are taking such lessons, and by doing so they can keep their children from accessing harmful websites. Parents should learn more about the dangers of using smartphones.

Your story should begin with this sentence: **One day, Mr. and Mrs. Suzuki were talking about giving a smartphone to their son, Yuji.**

Questions

According to the passage, how can many parents keep their children from accessing harmful websites?

Now, please look at the picture and describe the situation. You have 20 seconds to prepare. Your story should begin with the sentence on the card.
<20 seconds> Please begin.

Now, Mr. / Ms. ——, please turn over the card and put it down.

Some people say that using social media is too dangerous for young people. What do you think about that?

Today, English classes at some high schools and universities are often taught only in English. Do you think this is a good way to study English?
Yes.と答えた場合 → Why?
No.と答えた場合 → Why not?

語句 と 構文

danger [déɪndʒər] 图 危険
access [ǽkses] 動 〜を利用する
illegal [ɪlíːgəl] 形 違法の
website [wébsàɪt] 图 ウェブサイト

offer [ɔ́(ː)fər] 動 〜を提供する，提案する
control [kəntróʊl] 動 〜を管理する
keep 〜 from ... 〜に…をさせない
harmful [hάːrmfəl] 形 有害な

Dángers of Smártphones

[smá:rtfòun] の発音注意

These days, / **more** and **more chíldren** have **stárted**
「モアランモア」とつなげる

úsing smártphones. / **Howéver**, / some **chíldren** may

áccess illégal wébsites on them. / **Todáy**, / some
1語ずつ明瞭に発音する

cómpanies are **óffering léssons** / that **teach**
関係代名詞の前にポーズ

párents (/) **how** they can **contról chíldren's use**
teachの2つの目的語の区切りを意識して，短く一呼吸　　発音は [ju:s]

of **smártphones**. / **Mány párents** are **táking such**

léssons, / and by **doing** so / they can **keep** their
keep A from Bを意識する

chíldren (/) from **áccessing hármful wébsites**. /
一気に読み切れない場合はここに短いポーズ

Párents should **learn more** about the **dángers** (/)

of **úsing smártphones**.

ここに
注意!

▶ that teach parents ... のような関係代名詞節の前にはポーズを入れる。
▶ 文法的な語のかたまりを意識しながら，ポーズを入れる。疑問詞（how），
接続詞（and），前置詞（from / of）が，かたまりの始まりになる。

訳 **スマートフォンの危険性**

近ごろ，ますます多くの子どもがスマートフォンを使い始めている。しかし，一部の子どもはスマートフォンで違法なウェブサイトにアクセスしている可能性がある。今日，いくつかの企業が，どうすれば子どものスマートフォンの使用を管理できるかを親に教えるレッスンを提供している。多くの親はそのようなレッスンを受講し，そうすることで子どもが有害なウェブサイトにアクセスすることを防ぐことができる。親はスマートフォンを使うことの危険性についてもっと学ぶべきである。

● **解答例と応答のポイント**

According to the passage, how can many parents keep their children from accessing harmful websites?

「パッセージによると，多くの親はどのようにして子どもが有害なウェブサイトにアクセスすることを防ぐことができるのですか」

パッセージのポイント

子どもがスマートフォンを使うことの危険性がテーマ。［第1文］スマートフォンを使う子どもの増加，［第2文］子どもが違法ウェブサイトにアクセスする可能性，［第3文］親に子どものスマートフォン使用の制御方法を教えるレッスン，［第4文］レッスン受講により，子どもが有害サイトにアクセスすることを防止できる，［第5文］スマートフォンを使うことの危険性を親はもっと学ぶべきだ，という構成になっている。

解答例

By taking lessons that teach parents how they can control children's use of smartphones.

「どうすれば子どものスマートフォンの使用を管理できるかを親に教えるレッスンを受講することによってです」

Many parents are taking lessons that teach parents how they can control children's use of smartphones.

「多くの親が，どうすれば子どものスマートフォンの使用を管理できるかを親に教えるレッスンを受講しています」

質問中の表現の多くが第4文の後半にあり、この部分について尋ねているのだと判断する。How ...? という質問に対する答えは、by doing so「そうすることによって」が示している。このdoing soを、これが指し示す同文前半のtaking ... と差し替える。目的語のsuch lessonsの部分は、それが指し示す第3文のlessons that teach parents [them] how they can control children's use of smartphonesと差し替える。

Now, please look at the picture and describe the situation. You have 20 seconds to prepare. Your story should begin with the sentence on the card.
<20 seconds> Please begin.

「では、イラストを見て、状況を説明してください。準備時間は20秒です。話はカードにある文で始めなくてはなりません。〈20秒後〉始めてください」

[1コマ目] リビングで話している夫婦。妻が夫に、「ユウジにスマートフォンを与えるときが来た」と言っている。[2コマ目] 店で夫はどのスマートフォンを買うか選んでいる。妻は息子が自分に電話をしている姿を想像している。[3コマ目] リビングで妻は息子にスマートフォンを渡している。夫は2人にお茶を持って来ようかと考えている。

One day, Mr. and Mrs. Suzuki were talking about giving a smartphone to their son, Yuji. Mrs. Suzuki said to her husband, "It's time to give a smartphone to Yuji." The next day at a shop, Mr. Suzuki was choosing which smartphone to buy. Mrs. Suzuki was thinking that her son could call her. That night, Mrs. Suzuki was passing a new smartphone to her son. Mr. Suzuki was thinking of bringing some tea to them.

「ある日、スズキ夫妻は息子のユウジにスマートフォンを与えることについて話していました。スズキさんは夫に「ユウジにスマートフォンを与えるときが来た」と言いました。翌日お店で、スズキさんの夫はどのスマートフォンを買うか選んでいました。スズキさんは息子が自分に電話をできると考えていました。その夜、スズキさんは息子にスマートフォンを渡していました。スズキさんの夫は2人にお茶を持って来ようかと考えていました」

応答のポイント

1コマ目は指定の文で始め，妻の吹き出しの発言を続ける。2コマ目は夫の様子からスマートフォンを選んでいるのだと判断し，過去進行形で描写する。妻は買った後の想像をしていると判断できるので，was thinking that .... could [would] で描写するとよい。3コマ目はまず妻の動作を過去進行形で描写する。夫の吹き出しはこれからしようと思っている動作を表すとわかるので，was thinking of *doing* を使って表そう。

Some people say that using social media is too dangerous for young people. What do you think about that?

「ソーシャルメディアを使うことは若い人たちにとって危険過ぎるという人もいます。あなたはそのことについてどう思いますか」

解答例

○ 同意する場合

I agree. Young people don't realize the dangers of putting personal information on social media. Also, they won't study enough if they spend too much time on social media.

「私もそう思います。若い人たちはソーシャルメディアに個人情報を掲載することの危険性を理解していません。また，ソーシャルメディアに時間を使い過ぎると，十分に勉強しなくなります」

I agree. Young people don't realize the dangers of putting personal information on social media.

「私もそう思います。若い人たちはソーシャルメディアに個人情報を掲載することの危険性を理解していません」

● 同意しない場合

I disagree. Young people are careful with the information they share online. Also, many of them only use social media to communicate with their close friends.

「私はそうは思いません。若い人たちはオンラインに掲載する情報には慎重です。それに，彼らの多くは，親しい友人とコミュニケーションを取るためだけにソーシャルメディアを使います」

 I disagree. Young people are careful with the information they share online.

「私はそうは思いません。若い人たちはオンラインに掲載する情報には慎重です」

応答のポイント

自分はソーシャルメディアを使っているかいないか，その理由は何かをもとに考え，それを一般論に変えると，答えを作りやすい。I agree. と答える場合，解答例のように危険だと考える理由とデメリットを2つ述べるか，2文目でSome bad people may find out their addresses or daily schedules. 「悪い人たちが彼らの住所や日々のスケジュールを突き止めるかもしれません」と最初の文にさらに具体例を加える方法もある。I disagree. の解答例では，2文目で最初の文を具体的に補足している。2文目でAlso, they can find new people who have the same interest online. 「同じ興味を持つ新しい人たちをオンラインで見つけることもできます」と2つ目の理由を挙げることもできる。

 No. 4

Today, English classes at some high schools and universities are often taught only in English. Do you think this is a good way to study English?

Yes.と答えた場合 → Why?

No.と答えた場合 → Why not?

「今日，一部の高校と大学の英語の授業は，しばしば英語だけで教えられます。これは英語を勉強するのに良い方法だと，あなたは思いますか」
「はい」と答えた場合→「なぜですか」
「いいえ」と答えた場合→「なぜですか」

○ Yes.と答えた場合 → Why?

We have more chances to use English in an all-English class. I think the number of schools with such classes will increase in the future.

「英語だけによる授業では，英語を使う機会をより多く持てます。将来このような授業をする学校の数は増えると思います」

We have more chances to use English in an all-English class.

「英語だけによる授業では，英語を使う機会をより多く持てます」

○ No.と答えた場合 → Why not?

Japanese explanations can help us learn complicated grammar in our English classes. Also, we can understand how to translate English into Japanese better.

「日本語の説明は，英語の授業で複雑な文法を学ぶときに役立ちます。また，英語を日本語に訳す方法をより良く理解できます」

Japanese explanations can help us learn complicated grammar in our English classes.

「日本語の説明は，英語の授業で複雑な文法を学ぶときに役立ちます」

応答のポイント

Yes. の場合は，授業が全て英語で行われることのメリットを理由として述べる。解答例では1つの理由を述べた後，「（だから）将来は〜になると思う」と今後の見通しを述べており，これも1つの解答方法である。No. の解答例は，質問文中の classes at some high schools and universities で想定される授業の内容に焦点を当てている。最初の文では複雑な文法という英語の授業で日本語の助けが必要だと考えられるポイントを述べ，2文目では英語を日本語に訳すことについて言及している。

Day

4

Day **5**

Cultural Courses for Elderly People

Recently, the number of elderly citizens has been growing larger and larger. As a result, there is an increasing need for activities for them to do in their free time. Now, some local community centers and universities offer cultural courses that progress slower than regular courses. Many elderly people take these courses, and by doing so they can easily learn what they like.

Your story should begin with this sentence: **One day, Mr. and Mrs. Sasaki were talking about their plans for the weekend.**

Questions

 According to the passage, how can many elderly people easily learn what they like?

 Now, please look at the picture and describe the situation. You have 20 seconds to prepare. Your story should begin with the sentence on the card.
<20 seconds> Please begin.

Now, Mr. / Ms. ——, please turn over the card and put it down.

 Some people say that there should be more opportunities for elderly people to spend time with young people. What do you think about that?

 Many Japanese people travel to foreign countries every year. Do you think this is a good way to learn about different cultures?
Yes. と答えた場合 → Why?
No. と答えた場合 → Why not?

 語句 と 構文

course [kɔːrs] 图 講座，課程
elderly [éldərli] 厖 高齢の，年配の
recently [ríːsəntli] 副 最近（※主に過去形や現在完了形とともに使用）

increasing [ɪnkríːsɪŋ] 厖 増加している
need [niːd] 图 需要
local [lóukəl] 厖 その土地の，地元の
progress [prɑgrés] 動 進歩する，発展する

63

Cúltural Cóurses for Élderly Péople

Récently, / the **númber** of **élderly cítizens** (/)

「ナンバロヴ」とつなげる　　一気に読めない場合は，ここに短いポーズ

has been **gró wing lárger** and **lárger**. /

larger ↑ and larger ↓ のイントネーションに注意

As a **resúlt**, / there is an **incréasing need** for **actívities** /

「アザ」とつなげて読む　　「アニンクリースィン」とつなげて読む

for **them** to **do** in their **free time**. / **Now**, / some **lócal**

for them は to do の意味上の主語に当たり，その前でポーズを入れる

commúnity cénters and **univérsities óffer cúltural**

1語ずつはっきりと発音する

cóurses / that **prógress slówer** than **régular**

関係代名詞の前にポーズ

cóurses. / **Mány élderly péople** take **these cóurses**, /

and by **doing** so / they can **éasily learn** what they **like**.

発音は [kən]

ここに
注意!

▶ 文頭の副詞（句）の後にはポーズを入れる。このパッセージでは Recently / As a result / Now がそれに当たる。

▶ 第1文は主部の後で短いポーズを入れてもよい。

▶ 第2文の for them ... 以降はその前の activities を修飾する長いフレーズなので，for の前でいったん切る。

▶ 第3文の local community centers and universities や cultural courses のように具体例を挙げる場合は，聞き手にわかってもらえるようゆっくり，1つ1つはっきりと発音する。

高齢者のための文化講座

最近，高齢者の数がますます増加している。その結果，彼らが自由時間に行う活動に対する需要が増えてきている。今では，通常の講座よりもゆっくり進行する文化講座を開講している地域のコミュニティーセンターと大学もある。多くの高齢者はこうした講座を受講し，そうすることで自分たちの好きなことをより容易に学べるのである。

● 解答例と応答のポイント

No. 1

According to the passage, how can many elderly people easily learn what they like?

「パッセージによると，多くの高齢者はどのようにして自分たちの好きなことをより容易に学べるのですか」

パッセージのポイント

高齢者向けの文化講座がテーマ。［第1文］高齢者数の増加，［第2文］高齢者が自由時間に行う活動の需要も増加，［第3文］それに伴い，ゆっくり進行する講座が開講，［第4文］こうした講座を受講することで，高齢者は自分たちの好きなことを容易に学べる，という構成。As a result / Now / by doing so などの接続表現に気をつけながら文脈をたどろう。

解答例

これで完璧！

By taking cultural courses that progress slower than regular courses.
「通常の講座よりもゆっくり進行する文化講座を受講することによってです」

もうひと息

Many elderly people take cultural courses that progress slower than regular courses.
「多くの高齢者は通常の講座よりもゆっくり進行する文化講座を受講します」

応答のポイント

質問文中の表現が第4文に見つけられる。How ...? という質問に対する答えは，by doing so が指し示す同文前半部分にある。この部分を By *doing* ... の形に変え，By taking ... とする。続く these courses はそれが指し示す前文の cultural courses that

65

progress slower than regular coursesと差し替える。

Now, please look at the picture and describe the situation. You have 20 seconds to prepare. Your story should begin with the sentence on the card.
<20 seconds> Please begin.

「では，イラストを見て，状況を説明してください。準備時間は20秒です。話は
カードにある文で始めなくてはなりません。〈20秒後〉始めてください」

イラストのポイント

［1コマ目］週末の予定を話し合っている夫婦。夫が妻に，「美術館に行こう」と言っ
ている。［2コマ目］電車の中で，妻が本を読んでいる。夫は荷物を抱えた年配の女性
が乗車したのに気づいた。［3コマ目］夫は年配の女性に席を譲った。妻は女性の荷物
を持ってあげようかと考えている。

解答例

One day, Mr. and Mrs. Sasaki were talking about their plans for the weekend. Mr. Sasaki said to his wife, "Let's go to the art museum." The next day on the train, Mrs. Sasaki was reading a book. Mr. Sasaki noticed that an elderly woman with some bags was getting on the train. Soon after that, Mr. Sasaki offered his seat to the elderly woman. Mrs. Sasaki was thinking of holding her bags.

「ある日，ササキ夫妻は週末の予定について話していました。ササキさんは
妻に，「美術館に行こう」と言いました。翌日電車内で，ササキさんの妻は
本を読んでいました。ササキさんは，いくつかの荷物を抱えた年配の女性
が乗車してきたのに気づきました。そのすぐ後，ササキさんはその年配の
女性に席を譲りました。ササキさんの妻は彼女の荷物を持ってあげようか
と考えていました」

1コマ目は指定の文で始め，夫の吹き出しの発言を続ける。2コマ目は妻の動作を過去進行形で，そして夫の行動を過去形で，それぞれ表す。「気づく」は知覚・感覚を表す動詞なので，進行形にはならないことに注意しよう。「荷物を持った年配の女性」はan elderly woman with some bagsまたはan elderly woman carrying some bagsと表現するとよい。3コマ目の夫の行動もこの時点で完結している行為なので，過去形のofferedで表す。吹き出しの妻の考えはwas thinking of *doing*で表現する。

Some people say that there should be more opportunities for elderly people to spend time with young people. What do you think about that?

「高齢者が若者と一緒に時間を過ごす機会がもっとあるべきだと言う人もいます。あなたはそのことについてどう思いますか」

解答例

○ 同意する場合

I agree. Elderly people enjoy talking with young people. Also, young people can learn many things from them.

「私もそう思います。高齢者は若者と話すのを楽しみます。また，若者も彼らから多くのことを学ぶことができます」

I agree. Elderly people enjoy talking with young people.

「私もそう思います。高齢者は若者と話すのを楽しみます」

○ 同意しない場合

I disagree. Elderly people have different interests from young people. We should make more opportunities for elderly people to have fun among themselves.

「私はそうは思いません。高齢者は若者とは異なる関心事を持っています。高齢者が自分たちだけで楽しむ機会をもっと作るべきです」

I disagree. Elderly people have different interests from young people.

「私はそうは思いません。高齢者は若者とは異なる関心事を持っています」

応答のポイント

I agree. の場合は，高齢者と若者が交流することによって，お互いにどんな良いことがあるかを述べるとよいだろう。解答例のほか，They can learn many things from each other.「お互いから多くのことを学ぶことができます」，Elderly people can enjoy younger people's company.「高齢者は若者との交流を楽しむことができます」などが考えられる。I disagree. の場合は，ペースや興味の対象が合わないことなどが理由になるだろう。解答例のほか，Elderly people will get tired from the fast pace of young people.「高齢者は若者の速いペースに疲れてしまうでしょう」，Young and old people rarely share the same interests.「若者と高齢者はほとんど同じ関心事を共有していません」などが考えられる。

Many Japanese people travel to foreign countries every year. Do you think this is a good way to learn about different cultures?

Yes.と答えた場合　→ Why?

No.と答えた場合　　→ Why not?

「多くの日本人が毎年外国へ旅行しています。これは異なる文化について学ぶ良い方法だと，あなたは思いますか」
「はい」と答えた場合→「なぜですか」
「いいえ」と答えた場合→「なぜですか」

解答例

○ Yes.と答えた場合 → Why?

People can get a chance to see foreign people's daily lives. You can experience different countries' lifestyles, too, by doing things as the local people do.

「外国の人々の日常生活を見る機会を得ることができます。地元の人々がするようにいろいろなことをすることによって，ほかの国々の生活様式を体験することもできます」

People can get a chance to see foreign people's daily lives.

「外国の人々の日常生活を見る機会を得ることができます」

○ No.と答えた場合 → Why not?

Many people who go overseas only seem to be interested in shopping or eating. Also, you can learn a lot of things about foreign countries from books and on the Internet.

「海外へ行く多くの人々は，買い物や食べることだけに関心があるように思われます。また，本とインターネットで，外国について多くのことを知ることができます」

Many people who go overseas only seem to be interested in shopping or eating.

「海外へ行く多くの人々は，買い物や食べることだけに関心があるように思われます」

応答のポイント

質問文の2文目にあるthis は，「外国へ旅行すること」を指している。つまり，different cultures「異文化」を理解するのに，その国へ行くことが良い方法かどうかについての意見を求められている。Yes. の場合は解答例のように，現地へ行って人々の様子を実際に見たり，そこの人々と同じ生活を体験したりできることなどが，説明のポイントになるだろう。No. の場合は解答例のように，外国へ旅行することが必ずしもその文化の理解にはつながらないケースについて説明したり，国内にいても本やインターネットなどの情報源があることに言及したりするとよいだろう。

教えて！先生 答えがすぐに出て来ないときは

質問にタイミングよく応答できるかどうかも評価項目の1つです。黙ったまま間を取り過ぎると，減点の対象になる場合もあります。"I beg your pardon?", "Pardon?"などと聞き返せば，間を持たせて質問内容を再確認することもできますが，繰り返し過ぎると次の質問に移られてしまうかもしれません。"Let's see.", "Well, ..."と言いながら答えを考えると，「今，考えています」というメッセージになります。

Day 6

New Kinds of Online Services

Nowadays, the Internet allows people to get various goods and services online. Recently, some companies have started services that offer music and movies online at a fixed monthly rate. A lot of people are using such services, and by doing so they can enjoy as many songs and movies as they like. This trend is likely to continue in the future.

Your story should begin with this sentence: **One day, Mr. and Mrs. Sato were talking about which English course their daughter should take.**

Questions

According to the passage, how can a lot of people enjoy as many songs and movies as they like?

Now, please look at the picture and describe the situation. You have 20 seconds to prepare. Your story should begin with the sentence on the card.
<20 seconds> Please begin.

Now, Mr. / Ms. ——, please turn over the card and put it down.

Day 6

Some people say that more people will use online stores instead of going out for shopping. What do you think about that?

Today, many animals are in danger of extinction. Do you think people are doing enough to protect endangered animals?
Yes.と答えた場合 → Why?
No.と答えた場合 → Why not?

---

online [ὰ(:)nláɪn] 形 オンラインの	**monthly rate** 月額
service [sə́ːrvəs] 图 サービス	**trend** [trend] 图 傾向，流行
goods [gʊdz] 图 商品	*be* **likely to** *do* 〜しそうである
fixed [fɪkst] 形 固定の	

New Kinds of Online Services

Nówadays, / the Ínternet allóws péople (/) to get
> 長くて一気に読めない場合は短いポーズを入れる

várious goods and sérvices online. / Récently, /

some cómpanies have stárted sérvices /
> 関係代名詞の前にポーズ

that óffer músic and móvies online / at a fixed
> 少しスピードを遅くして，はっきり読む　　「ァラ」「ァタ」とつなげる

mónthly rate. / A lot of péople are úsing such
> 「ァラタヴ」という感じで一気に読む

sérvices, / and by dóing so / they can enjóy as
> 発音は [kən]

mány songs and móvies (/) as they like. / This trend
> 少しスピードを遅くして，はっきり読む　　長くて一気に読めない場合は短いポーズを入れる

is líkely to contínue (/) in the fúture.
> in the future はまとめて読む

ここに
注意!

▶ lot of「ラタヴ」のように，語尾の子音と続く語の母音は，つながって2
語が1語になったかのような発音になる。ただし，意味の切れ目（＝ポー
ズが入る箇所）では音はつなげない。

▶ 構文を意識して読む。第1文は allow O to *do* の構文で，to get の前で
ポーズを入れる。第3文の後半は as ... as ... の構文で，2つの as に挟ま
れた部分を少しゆっくり，はっきりと読む。

訳 **新しい種類のオンラインサービス**

近ごろは，インターネットのおかげで，オンラインでさまざまな商品とサービスを入手することが可能である。最近は，毎月定額で音楽と映画をオンラインで提供するサービスを始めた企業もある。多くの人々がこうしたサービスを利用しており，そうすることで彼らは自分が好きなだけ多くの曲と映画を楽しむことができる。この傾向はこれからも続きそうである。

● 解答例と応答のポイント

According to the passage, how can a lot of people enjoy as many songs and movies as they like?

「パッセージによると，多くの人々はどのようにして自分が好きなだけ多くの曲と映画を楽しむことができるのですか」

パッセージのポイント

音楽・映画のオンライン配信サービスがテーマ。［第1文］オンラインでさまざまな商品・サービスが手に入る，［第2文］毎月定額で音楽と映画を提供するオンラインサービスがある，［第3文］このサービスで好きなだけ曲と映画が楽しめる，［第4文］この傾向はこれからも続く，という構成になっている。

解答例

これで完璧!

By using services that offer music and movies online at a fixed monthly rate.

「毎月定額で音楽と映画をオンラインで提供するサービスを利用することによってです」

もうひと息

A lot of people are using services that offer music and movies online at a fixed monthly rate.

「多くの人々は毎月定額で音楽と映画をオンラインで提供するサービスを利用しています」

応答のポイント

質問中の表現の多くが，第3文の後半の節に含まれており，この部分について尋ねているのだと判断する。How ...? という質問に対する答えは，by doing so「そうする

ことによって」が示している。この doing so を，これが指し示す同文前半の部分の using ... と差し替える。目的語の such services の部分はそれが指し示す前文の services that offer music and movies online at a fixed monthly rate と差し替える。

Now, please look at the picture and describe the situation. You have 20 seconds to prepare. Your story should begin with the sentence on the card.
<20 seconds> Please begin.

「では，イラストを見て，状況を説明してください。準備時間は20秒です。話はカードにある文で始めなくてはなりません。〈20秒後〉始めてください」

イラストのポイント

［1コマ目］コンピューターを前に話している夫婦。妻は夫に，「このオンライン英語コースはどう？」と言っている。［2コマ目］夫婦の娘は英会話を楽しんでいる。夫は家族で海外旅行に行くことを考えている。［3コマ目］飛行機の中で娘は飲み物を注文している。夫婦は眠っている。

解答例

One day, Mr. and Mrs. Sato were talking about which English course their daughter should take. Mrs. Sato said to her husband, "How about this online English course?" A few days later, Mr. and Mrs. Sato's daughter was enjoying speaking English. Mr. Sato was thinking of going on a family trip abroad. Three months later on an airplane, Mr. and Mrs. Sato's daughter was ordering a drink. Mr. and Mrs. Sato were sleeping in the seats.

「ある日，サトウ夫妻は娘がどの英語のコースを受講すべきかについて話していました。サトウさんは夫に「このオンラインの英語コースはどう？」と言いました。数日後，サトウ夫妻の娘は英語を話すのを楽しんでいました。サトウさんの夫は海外に家族旅行に行こうかと考えていました。3カ月後飛行機の中で，サトウ夫妻の娘は飲み物を頼んでいました。サトウ夫妻は座席で眠っていました」

応答のポイント

1コマ目からの流れで，2コマ目では娘は英語を話しており，父親は海外旅行を考えているのだと判断する。娘の描写はenjoyingを使わずwas speaking Englishなどとしてもよい。3コマ目は，娘は周囲の様子などから飲み物を頼んでいると判断する。サトウ夫妻は眠っているとわかるので，were sleepingを使って表せばよい。

Some people say that more people will use online stores instead of going out for shopping. What do you think about that?

「買い物に出かける代わりにオンラインストアを使う人が増えると言う人もいます。あなたはそのことについてどう思いますか」

解答例

○ 同意する場合

これで
完璧！

I agree. Shopping online is very convenient because people can look at things to buy from home. Young people prefer to choose things online rather than going out.

「私もそう思います。買う物を自宅で見ることができるので，オンラインでの買い物はとても便利です。若者は，外に出かけるよりオンラインで物を選ぶ方を好みます」

もう
ひと息

I agree. Shopping online is very convenient because people can look at things to buy from home.

「私もそう思います。買う物を自宅で見ることができるので，オンラインでの買い物はとても便利です」

○ 同意しない場合

これで
完璧！

I disagree. It is difficult for us to buy something without looking at it. We should touch and feel the product in real life before buying.

「私はそうは思いません。物を見なければ何かを買うのは難しいです。買う前に実際にその製品を触ったり感じたりした方がいいです」

I disagree. It is difficult for us to buy something without looking at it.

「私はそうは思いません。物を見なければ何かを買うのは難しいです」

応答のポイント

自分は店に買い物に出かけるのとオンラインショッピングのどちらが好きか，その理由は何かをもとに，主語をpeopleにするなどして一般論化すると，答えを考えやすい。I agree. は解答例のほかに，We can find things from around the world on online shopping sites.「オンラインショッピングサイトで世界中の物を見つけることができます」といった解答もできる。I disagree. の場合は，We may have trouble with the shipping of the order.「注文した物の発送でトラブルに見舞われるかもしれません」や，Sometimes the shipped product is different from what we expected.「発送された製品が思っていたものと違うことが時々あります」などのトラブルを述べた解答が考えられる。

No. 4

Today, many animals are in danger of extinction. Do you think people are doing enough to protect endangered animals?

Yes.と答えた場合　→ Why?

No.と答えた場合　→ Why not?

「今日，多くの動物が絶滅の危機にひんしています。人々は絶滅の危機にさらされた動物を守るために十分なことをしていると，あなたは思いますか」
「はい」と答えた場合→「なぜですか」
「いいえ」と答えた場合→「なぜですか」

解答例

○ Yes.と答えた場合 → Why?

There are many laws that stop people from harming endangered animals. Also, there are many protected areas where people are prohibited from entering.

「絶滅の危機にひんしている動物に危害を加えることを防ぐ法律がたくさんあります。また，人が立ち入ることを禁止されている保護区もたくさんあります」

There are many laws that stop people from harming endangered animals.

「絶滅の危機にひんしている動物に危害を加えることを防ぐ法律がたくさんあります」

● No.と答えた場合 → Why not?

Governments are not doing enough to stop foreign fish from endangering native species of fish. In Japan, foreign fish are still living in lakes and rivers.

「各国の政府は，外来の魚がもともと住んでいた魚の種を危険にさらすのを防ぐために十分なことをしていません。日本では，外来の魚がいまだに湖と川に住みついています」

Governments are not doing enough to stop foreign fish from endangering native species of fish.

「各国の政府は，外来の魚がもともと住んでいた魚の種を危険にさらすのを防ぐために十分なことをしていません」

Day

6

応答のポイント

質問を理解するためには，extinction「絶滅」，endangered「絶滅危惧の」といった，環境問題を語る際に必須の語を理解していることが必要である。ニュースで聞いたことや，身の回りで起こった出来事などを例に挙げて理由付けするとよい。Yes. の場合には，For example, more and more fish are coming back to the rivers thanks to efforts to clean up the water.「例えば，水を浄化する努力のおかげで，川に戻って来る魚はますます多くなっています」，No. の場合にはThe number of small fish and insects in rice fields is decreasing.「田んぼにいる小さな魚と虫の数は減っています」などの解答も考えられる。また，こうした具体例の後に，Yes. の場合はThe number of wild animals is increasing because of our efforts.「私たちの努力のおかげで野生動物の数が増えています」，No. の場合はWe need to do more to stop this trend.「この傾向を食い止めるためにもっと何かをするべきです」などと，まとめを続けるのもよい。

Day 7

Rescue Robots

Helping people who need to be rescued in accidents and disasters is important. However, it is sometimes also risky. Now, rescue robots have been developed to solve this problem. Rescue teams can control these robots remotely to explore damaged buildings, so they can search for victims caught in dangerous places safely. It is hoped that these robots will help save many people in emergency situations.

Your story should begin with this sentence: **One day, Takumi's teacher was talking to the class.**

Questions

 According to the passage, why can rescue teams search for victims caught in dangerous places safely?

 Now, please look at the picture and describe the situation. You have 20 seconds to prepare. Your story should begin with the sentence on the card.
<20 seconds> Please begin.

Now, Mr. / Ms. ——, please turn over the card and put it down.

 Some people say that in the future, robots will be able to do everything that people do. What do you think about that?

 These days, many students are taking lessons outside of school. Do you think it is a good idea?
Yes.と答えた場合 → Why?
No.と答えた場合 → Why not?

 語 句 と 構 文

rescue [réskju:] 图 救助　動 〜を救助する
robot [róʊbɑ(:)t] 图 ロボット
disaster [dɪzǽstər] 图 災害
risky [ríski] 形 危険を伴う
solve [sɑ(:)lv] 動 〜を解決する
remotely [rɪmóʊtli] 副 離れたところから

explore [ɪksplɔ́:r] 動 〜を捜索する
search for 〜を探す
emergency [ɪmə́:rdʒənsi] 图 緊急 [非常] 事態
situation [sìtʃuéɪʃən] 图 場面，状況

Réscue Róbots

[róʊbɑ(:)t] のアクセント注意

Hélping péople / who **need** to be **réscued** (/) in

> 関係代名詞節を一気に読み切れない場合は，ここに短いポーズ

áccidents and **disásters** / is **impórtant**. / **Howéver**, /

> 文頭から disasters までが主部で，ポーズを入れる

it is **sómetimes álso rísky**. / **Now**, / **réscue róbots**

> [róʊbɑ(:)ts] のアクセントの位置に注意

have been **devéloped** (/) to **solve this próblem**. /

> 一気に読み切れない場合は，ここに短いポーズを入れる

Réscue teams can **contról these róbots remótely** (/)

to **explóre dámaged buildings**, / so they can **search**

> [dǽmɪdʒd] のアクセントの位置に注意

for **víctims** (/) **caught** in **dángerous pláces sáfely**. /

> この部分は victims を修飾する形容詞句なので，前に軽くポーズを入れる

It is **hóped** / that **these róbots** will **help save mány**

> ed の発音は [t]

péople (/) in **emérgency situátions**.

> 「イネマージェンシィ」とつなげる

ここに
注意!

▶ 文頭の副詞（句）の後にはポーズを入れる。このパッセージでは However / Now がそれに当たる。

▶ 第1文の Helping people who need to be rescued in accidents and disasters のように主部が長い場合は，それが終わったところでポーズを置く。

▶ 文・節が長くて一気に読み切れない場合は，不定詞や前置詞の前で短いポーズを入れるとよい。

訳 **救助ロボット**

事故と災害の際に救助されることを必要とする人々を助けるのは重要なことである。しかし，それは時に危険も伴う。今では，この問題を解決するため，救助ロボットが開発されている。救助隊はこれらのロボットを遠隔操作して，損傷を受けた建物を探索することが可能なので，危険な場所に捕らえられた被害者を安全に捜索することができる。緊急の状況に置かれた多くの人々を救助するのに，こうしたロボットが役立つことが期待されている。

● 解答例と応答のポイント

According to the passage, why can rescue teams search for victims caught in dangerous places safely?

「パッセージによると，なぜ救助隊は危険な場所に捕らえられた被害者を安全に捜索することができるのですか」

パッセージのポイント

人間の代わりに，危険な場所へも入って行くことが可能な救助ロボットがテーマ。［第1文］人の救助という話題の導入，［第2文］救助の危険性，［第3文］問題解決のために救助ロボットが開発されたこと，［第4文］救助ロボットの特性とそれにより安全な捜索が可能になること，［第5文］救助ロボットに対する期待，という構成になっている。

解答例

(Because) they can control rescue robots remotely to explore damaged buildings.

「（なぜなら）彼らは救助ロボットを遠隔操作して，損傷を受けた建物を探索することが可能（だから）です」

Rescue teams can control rescue robots remotely to explore damaged buildings.

「救助隊は救助ロボットを遠隔操作して，損傷を受けた建物を探索することが可能です」

質問文中の表現が第4文の後半の節に含まれている。同節は因果関係を表す接続詞so「だから」で前半の節を受けており，この前半の節がWhy ...? の質問に対する答えになる。主語のrescue teamsを代名詞theyに，these robotsはそれが指し示す前文のrescue robotsにそれぞれ置き換えて答える。

Now, please look at the picture and describe the situation. You have 20 seconds to prepare. Your story should begin with the sentence on the card.

<20 seconds> Please begin.

「では，イラストを見て，状況を説明してください。準備時間は20秒です。話はカードにある文で始めなくてはなりません。〈20秒後〉始めてください」

イラストのポイント

[1コマ目] 教室で先生の話を聞く男の子（とほかの生徒）。先生は「明日，消防署を訪問します」と言っている。[2コマ目] 消防署の人が「救助ロボット」を生徒に見せている。男の子はロボットの絵を描いている。[3コマ目] 男の子は教室で友だちにロボットの絵を見せている。先生はその絵を壁に貼ろうと考えている。

解答例

One day, Takumi's teacher was talking to the class. The teacher said, "Tomorrow, we are going to visit a fire station." The next day at the fire station, a man was explaining about a rescue robot. Takumi was drawing a picture of it. Later in the classroom, Takumi was showing the picture to his classmates. His teacher was thinking of putting Takumi's picture on the wall.

「ある日，タクミの先生がクラスの生徒たちに話をしていました。先生は，「明日，消防署を訪問します」と言いました。翌日消防署で，男の人が救助ロボットについて説明していました。タクミはその絵を描いていました。その後教室で，タクミは絵をクラスメートに見せていました。先生はタクミの絵を壁に貼ろうかと考えていました」

応答のポイント

1コマ目は指定の文で始め，先生の吹き出しの発言を続ける。2コマ目のイラストから，救助ロボットがトピックであることを素早く把握したい。2コマ目は男性とタクミの行動をそれぞれ過去進行形で説明する。男性の行動は a man was showing the students a rescue robot「男の人が生徒たちに救助ロボットを見せていました」でもよい。3コマ目も，それぞれの人物の行動を過去進行形で表現する。タクミの行動をwas showing で，吹き出しの先生の考えを was thinking of *doing* で説明しよう。

Some people say that in the future, robots will be able to do everything that people do. What do you think about that?

「将来ロボットは，人がすることは何でもできるようになると言う人もいます。あなたはそのことについてどう思いますか」

解答例

○ 同意する場合

I agree. Many robots can already perform basic tasks like human beings. In the future, I think they will be able to do dangerous work instead of people.

「私もそう思います。多くのロボットはすでに人間と同じように基本的な作業を行うことができます。将来，ロボットは人間の代わりに危険な仕事をすることができるようになると，私は思います」

I agree. Many robots can already perform basic tasks like human beings.

「私もそう思います。多くのロボットはすでに人間と同じように基本的な作業を行うことができます」

○ 同意しない場合

I disagree. People have the ability to judge situations and change their actions. Robots can't make the same judgments that people do.

「私はそうは思いません。人には，状況を判断して行動を変える能力があります。ロボットには人がするのと同じ判断はできません」

I disagree. People have the ability to judge situations and change their actions.

「私はそうは思いません。人には，状況を判断して，行動を変える能力があります」

I agree. の場合は，まず理由を述べた後，人間と同じことができるロボットの登場で，世の中にどのような変化が起こるかを述べるとよいだろう。「～できるようになる」は will be able to *do* で表す。解答例のほかにも，Robots can increase our leisure time.「ロボットのおかげで余暇の時間が増えます」，Robots may rob people of their jobs.「ロボットが人の仕事を奪ってしまうかもしれません」などが考えられる。I disagree. の場合は，人間にできて，ロボットにはできそうもないことは何かを考えると，答えを思いつきやすいだろう。

No. 4 These days, many students are taking lessons outside of school. Do you think it is a good idea?

Yes.と答えた場合 → Why?

No.と答えた場合 → Why not?

「近ごろは，多くの生徒が校外でレッスンを受けています。それは良い考えだと，あなたは思いますか」
「はい」と答えた場合→「なぜですか」
「いいえ」と答えた場合→「なぜですか」

解答例

○ Yes.と答えた場合 → Why?

Taking lessons outside of school can help students understand their school subjects better. Also, they can learn things they cannot learn at school, like playing the piano.

「校外でレッスンを受けることで，生徒は学校の科目をよりよく理解することができます。また，ピアノの演奏のように，学校では習えないことを習うこともできます」

Taking lessons outside of school can help students understand their school subjects better.

「校外でレッスンを受けることで，生徒は学校の科目をよりよく理解することができます」

● No.と答えた場合 → Why not?

I don't think students have enough time for themselves. They should have more time to read books or talk to friends.

「生徒たちには自分の時間が十分にあるとは，私は思いません。本を読んだり友人と話したりする時間を，彼らはもっと持つべきです」

I don't think students have enough time for themselves.

「生徒たちには自分の時間が十分にあるとは，私は思いません」

応答のポイント

lessons outside of school「校外でのレッスン」を受けることが良い考えかどうかを聞かれている。学校の科目を教える学習塾や予備校，もしくは，学校の科目以外の習い事を思い浮かべよう。自分の経験に照らすと考えをまとめやすい。現在（過去に），自分はそうした授業を受けている（いた）か，その理由は何か，校外でのレッスンを受けた経験がある場合は，どのようなメリット・デメリットがある（あった）かなどの点から，解答を考えよう。異なる理由を2つ列挙する場合は，2番目の文頭に Also を付けるとスムーズな説明になる。

教えて！先生 **発音がわからない単語があったら**

発音がわからない単語があった場合，その単語の発音を考えながら黙り込んだり，その単語を飛ばして読んだりせず，間違った発音でもいいので音読を進めてください。音読は個々の単語の発音が正確かどうかだけではなく，イントネーションの正確さや，全体的に文の区切りを意識しながらパッセージの内容を理解した音読になっているかどうかも評価の対象となります。個々の単語が正確に読めるにこしたことはありませんが，多少の発音の間違いは気にせず，適度なペースを保ちながらはきはきと読むように心掛けましょう。

Day 8

A New Working Style

Many employees in Japan are stressed from traveling on crowded trains to the office. This has a bad effect on their health and their efficiency at work. Today, some companies are proposing a new working style that allows employees to work from home. Many employees are following this working style, and by doing so they can work more efficiently. This working style may become more common someday.

Your story should begin with this sentence: **One day, Mr. and Mrs. Tanaka were talking about moving out of the big city.**

Questions

 According to the passage, how can many employees work more efficiently?

 Now, please look at the picture and describe the situation. You have 20 seconds to prepare. Your story should begin with the sentence on the card.
<20 seconds> Please begin.

Now, Mr. / Ms. ——, please turn over the card and put it down.

 Some people say that meeting in person is better than meeting online. What do you think about that?

 It is often said that children today spend too much time playing video games. Do you think children should spend less time on video games?
Yes.と答えた場合 → Why?
No.と答えた場合 → Why not?

Day

8

 語 句 と 構 文

working style 働き方	**efficiency** [ɪfíʃənsi] 图 効率
be stressed from 〜によるストレスを感じる	**follow** [fá(:)lou] 動 〜に従う
effect [ɪfékt] 图 影響	**efficiently** [ɪfíʃəntli] 副 効率的に
	common [ká(:)mən] 形 一般的な

A New Working Style

Mány employées in **Jápan** / are **stréssed** / from
長い文なので，主語の後でポーズを入れる　edの発音は [t]

tráveling (/) on **crówded trains** (/) to the **óffice**. / **This**
前置詞で始まる句を意識しながら読む。一気に読めない場合は（/）で一息入れる

has a **bad efféct** on their **health** / and their
「ハザ」とつなげる

efficiency at **work**. / **Todáy**, / some **cómpanies** are
[ɪfíʃənsi] のアクセントの位置に注意

propósing a **new wórking style** / that **allóws**
ややゆっくり，はっきりと読む　関係代名詞の前にポーズ

employées to **work** from **home**. / **Mány employées**

are **fóllowing this wórking style**, / and by **doing** so /

they can **work more efficiently**. / **This wórking**
ややゆっくり，はっきりと読む

style may **becóme more cómmon sómeday**.

ここに
注意!

▶ 第1文のように主部が長めのときは，その終わりにポーズを入れる。また，意味のかたまり（句）を意識しながら読み，一息入れる際は句の切れ目で短くポーズを入れる。

▶ that allows employees to work ... のような関係代名詞節の前にはポーズを入れる。接続詞や関係代名詞は，文の中で新しく始まる節がそれまでの節にどうつながるかを表すので，それを確認する意味でも一息入れるとよい。

　訳　**新しい働き方**

日本の従業員の多くは，混雑した電車に乗って職場に通うことでストレスを感じている。これは，彼らの健康と仕事での効率に悪影響を与える。今日では，従業員が自宅で仕事をすることを可能にする新しい働き方を提案している企業もある。多くの従業員はこの働き方に従い，そうすることによって彼らはより効率的に働くことができる。いずれこの働き方は，もっと一般的になるかもしれない。

● 解答例と応答のポイント

According to the passage, how can many employees work more efficiently?

「パッセージによると，多くの従業員はどのようにしてより効率的に働くことができるのですか」

パッセージのポイント

新しい働き方，いわゆる「テレワーク」がテーマ。[第1文]多くの従業員が通勤にストレスを感じていること，[第2文]このストレスが健康と仕事の効率に与える悪影響，[第3文]企業による自宅勤務の導入，[第4文]この働き方による仕事の効率化，[第5文]この働き方はより一般的になるだろう，という構成になっている。

解答例

これで
完璧！

By following a new working style that allows employees to work from home.

「従業員が自宅で仕事をすることを可能にする新しい働き方に従うことによってです」

もう
ひと息

Many employees are following a new working style that allows employees to work from home.

「多くの従業員は，従業員が自宅で仕事をすることを可能にする新しい働き方に従っています」

応答のポイント

質問中の表現の多くが第4文の後半の節に含まれており，この部分について尋ねているのだと判断する。How ...? という質問に対する答えは，by doing so「そうするこ

Day

8

とによって」が示している。この doing so を，これが指し示す同文前半の部分の following ... と差し替える。目的語の this working style の部分はそれが指し示す前文の a new working style that allows employees to work from home と差し替える。

Now, please look at the picture and describe the situation. You have 20 seconds to prepare. Your story should begin with the sentence on the card.
<20 seconds> Please begin.

「では，イラストを見て，状況を説明してください。準備時間は20秒です。話はカードにある文で始めなくてはなりません。〈20秒後〉始めてください」

イラストのポイント

[1コマ目] リビングで話している夫婦。妻は夫に，「田舎に引っ越してみましょう」と言っている。[2コマ目] 妻は販売員と一緒に新しい家を見ている。夫は庭に野菜を植えることを考えている。[3コマ目] 夫は棚から皿を取り出している。妻は庭で夫と食事をすることを楽しみにしている。

解答例

One day, Mr. and Mrs. Tanaka were talking about moving out of the big city. Mrs. Tanaka said to her husband, "Why don't we try moving to the countryside?" A month later, Mrs. Tanaka was looking at a new house with a salesperson. Mr. Tanaka was thinking of planting vegetables outside the house. Three weeks later at their new house, Mr. Tanaka was taking the dishes from the shelf. Mrs. Tanaka was looking forward to having lunch with her husband in the garden.

「ある日，タナカ夫妻は大都市から引っ越すことについて話していました。タナカさんは夫に，「田舎に引っ越してみましょう」と言いました。1カ月後，タナカさんは販売員と新しい家を見ていました。タナカさんの夫は家の外に野菜を植えようかと考えていました。3週間後，彼らの新しい家で，タナカさんの夫は棚から皿を取り出していました。タナカさんは庭で夫と昼食を取るのを楽しみにしていました」

1コマ目は指定の文で始め，吹き出しの妻の発言を続ける。1コマ目で田舎への転居の話をしているので，2コマ目で妻と一緒に家を見ているのは salesperson「販売員」または (real estate) dealer [agent]「不動産業者」などだと判断する。夫の考えていることは be thinking of *doing* を使う。3コマ目はまず夫の動作を過去進行形で描写する。夫の様子は was putting the dishes into the shelf「皿を棚に入れていた」としてもよい。また，妻の吹き出しの描写は be looking forward to *doing* を使って表す。解答例では昼食としているが，朝食 (breakfast) としてもよい。

No. 3 Some people say that meeting in person is better than meeting online. What do you think about that?

「オンラインで会うよりも直接会った方が良いと言う人もいます。あなたはそのことについてどう思いますか」

解答例

○ 同意する場合

I agree. People need to talk face to face in order to get to know each other well. Also, it's easier to communicate when we meet others in real life.

「私もそう思います。人がお互いをよく知るためには，直接会って話をする必要があります。また，実際にほかの人たちと会った方が，コミュニケーションが容易です」

I agree. People need to talk face to face in order to get to know each other well.

「私もそう思います。人がお互いをよく知るためには，直接会って話をする必要があります」

● 同意しない場合

 I disagree. Meeting online allows people to join the conversation no matter where they are. This can save time and money because they don't need to travel.

「私はそうは思いません。オンラインで会合することで，どこにいようと会話に参加することが可能です。これによって，移動する必要がないので，時間とお金を節約できます」

I disagree. Meeting online allows people to join the conversation no matter where they are.

「私はそうは思いません。オンラインで会合することで，どこにいようと会話に参加することが可能です」

応答のポイント

オンラインで会うことと直接会うことの，それぞれのメリット・デメリットを考え，理由を2つ思いついた方を支持する答えにするとよい。または，自分ならどちらを好むかでI agree/disagree. を決め，その理由を2文で考える。I agree. の解答例は「直接会った方がよく知り合える」←「（その方が）コミュニケーションが容易だ（から）」，I disagree. は「どこにいても参加できる」→「（だから）時間とお金の節約になる」と，どちらも1つの理由を2文目で補足しながら述べていると言えるだろう。

 It is often said that children today spend too much time playing video games. Do you think children should spend less time on video games?

Yes.と答えた場合 → Why?

No.と答えた場合 → Why not?

「現代の子どもたちはコンピューターゲームで遊ぶのに時間を使い過ぎているとしばしば言われています。子どもたちはコンピューターゲームに費やす時間を減らすべきだと，あなたは思いますか」
「はい」と答えた場合→「なぜですか」
「いいえ」と答えた場合→「なぜですか」

○ Yes.と答えた場合 → Why?

Playing video games too much will hurt children's eyes. Also, they should spend more time on their studies.

「コンピューターゲームで遊び過ぎると，子どもたちの目を傷めてしまいます。また，子どもたちは勉強にもっと時間を使うべきです」

Playing video games too much will hurt children's eyes.

「コンピューターゲームで遊び過ぎると，子どもたちの目を傷めてしまいます」

○ No.と答えた場合 → Why not?

Children can learn many things from some games. In addition, some children become interested in programming from playing video games.

「子どもたちはいくつかのゲームから多くのことを学ぶことができます。さらに，ゲームをすることでプログラミングに興味を持つ子どももいます」

Children can learn many things from some games.

「子どもたちはいくつかのゲームから多くのことを学ぶことができます」

Day

8

応答のポイント

ゲームやスマートフォンなどについては，自分は利用しているか，そのメリット・デメリットは何かを普段から考え，英語で表現できるようにしておきたい。また，大人ではなく子どもにとってはどうかということも，この問題ではポイントになる。Yes.の場合は減らすべき理由を2文で述べる必要がある。解答例の「体に及ぼす危険」，「時間の問題」のほか，「常習化の問題」を挙げて，When children are absorbed in a video game, it is difficult for them to stop playing it.「子どもたちがコンピューターゲームに夢中になると，遊ぶのをやめるのが困難です」と述べることもできるだろう。No. の場合は，Children have to learn to manage their time. They can learn it through playing video games for an appropriate amount of time.「子どもたちは自分の時間を管理することを学ばなければなりません。コンピューターゲームを適切な時間遊ぶことによって，それを学ぶことができます」といった解答も考えられる。

Day 9

A New Style of Shopping

Nowadays, the way people buy things has changed. People choose products not only based on the price or quality, but also on the social impact. Some companies have started selling products that are good for the environment. Many people buy these products, and by doing so they help make a better society. It is likely that this trend will be more popular in the future.

Your story should begin with this sentence: **One day, Ken was talking with his friend Akane about an environmental event for the school festival.**

Questions

 No. 1
According to the passage, how do many people help make a better society?

 No. 2
Now, please look at the picture and describe the situation. You have 20 seconds to prepare. Your story should begin with the sentence on the card.
<20 seconds> Please begin.

Now, Mr. / Ms. ——, please turn over the card and put it down.

 No. 3
Some people say that we should carry our own water bottles instead of buying drinks in plastic bottles. What do you think about that?

 No. 4
These days, some people like traveling alone more than traveling with friends. Do you think the number of these people will increase in the future?
Yes. と答えた場合 → Why?
No. と答えた場合 → Why not?

Day **9**

 語句 と 構文

style [staɪl] 图 様式
based on 〜に基づいて
quality [kwά(:)ləţi] 图 品質，質

social [sóuʃəl] 形 社会の，社会的な
impact [ímpækt] 图 影響
society [səsáɪəţi] 图 社会

95

A New Style of Shopping

Nówadays, / the **way** people **buy things** (/) has

> the way から things までが主部

changed. / People **choose próducts** /

> products の p の後に母音を入れない

not ónly based on the **price** or **quálity**, / **but álso**

> not only ... but also ... の構文を意識する

on the **sócial ímpact**. / Some **cómpanies** have **stárted**

sélling próducts / that are **good** for the **envíronment**. /

> 後ろの関係代名詞節を意識する　　　[ɪnváɪərənmənt] アクセントの位置に注意

Mány péople buy these próducts, / and by **doing** so /

they **help make** a **bétter socíety**. / It is **líkely**

> 強調するようにはっきり読む　　　[səsáɪəţi] の発音注意

that (/) **this trend** will be **more pópular** (/) in the **fúture**.

> 一気に読めない場合はここで短いポーズ　　　in the future はひとまとまりで

ここに
注意!

▶ 第1文と第2文の people は「一般的な人々」を指す代名詞的な語なので，それほど強く読まなくてよい。

▶ 第2文では not only ... but also ... の構文を意識し，これらの語を少し強調して読む。文の文法的構造を理解することが，正しい音読につながる。

▶ 第3文では products が関係代名詞 that の先行詞になっていることに注意し，ポーズを入れる。

▶ 内容語の中でも特に重要な語句はゆっくり，はっきり読む。パッセージをどれだけ理解できているかが，音読したときに表れると言える。

訳 **買い物の新しい様式**

近ごろは，人々が買い物をする方法が変化している。価格や品質だけではなく，社会的影響にも基づいて，製品を選ぶのである。いくつかの企業は，環境に良い製品を売り始めている。多くの人々はこうした製品を買い，そうすることによってより良い社会を作る手助けをするのである。この傾向は将来もっと一般的になりそうである。

● 解答例と応答のポイント

No. 1

According to the passage, how do many people help make a better society?

「パッセージによると，多くの人々はどのようにしてより良い社会を作る手助けをするのですか」

パッセージのポイント

環境に良いなどの新しい商品価値がテーマ。［第1文］人々の買い物の仕方が変化した，［第2文］価格や品質だけではなく，社会的影響を製品選択の理由にする，［第3文］いくつかの企業が環境に良い製品を販売している，［第4文］こうした商品を買うことにより，より良い社会を作ることに貢献できる，［第5文］この傾向はより一般的になるだろう，という構成になっている。

解答例

これで
完璧！

By buying products that are good for the environment.
「環境に良い製品を買うことによってです」

もう
ひと息

Many people buy products that are good for the environment.
「多くの人々は環境に良い製品を買います」

応答のポイント

質問中の表現の多くが，第4文の後半の節に含まれており，この部分について尋ねているのだと判断する。How ...? という質問に対する答えは，by doing so「そうすることによって」が示している。この doing so を，これが指し示す同文前半の部分の buy ... を buying ... に直し，これと差し替える。目的語の these products の部分はそ

れが指し示す前文の products that are good for the environment と差し替える。

Now, please look at the picture and describe the situation. You have 20 seconds to prepare. Your story should begin with the sentence on the card.
<20 seconds> Please begin.

「では，イラストを見て，状況を説明してください。準備時間は20秒です。話はカードにある文で始めなくてはなりません。〈20秒後〉始めてください」

イラストのポイント

[1コマ目] 学校の構内で話している男女。男性は女性に，「手作りのショッピングバッグを売らないか」と言っている。[2コマ目] 男性はポスターに絵を描いている。女性は机を外に運び出そうかと考えている。[3コマ目] 男性はバッグを売っている。女性は人々がバッグを使うことを願っている。

解答例

One day, Ken was talking with his friend Akane about an environmental event for the school festival. Ken said to Akane, "Shall we sell handmade shopping bags?" The next day, Ken was drawing a picture on a poster. Akane was thinking of moving the desks outside. At the school festival, Ken was selling the bags to people. Akane hoped that people would use the bags.

「ある日，ケンは友人のアカネと学校祭の環境イベントについて話していました。ケンはアカネに，「手作りのショッピングバッグを売らないか」と言いました。翌日，ケンはポスターに絵を描いていました。アカネは机を外に移動しようかと考えていました。学校祭で，ケンは人々にバッグを売っていました。アカネは人々がそのバッグを使うことを願いました」

応答のポイント

1コマ目は指定の文で始め，ケンの吹き出しの発言を続ける。2コマ目はケンの動作を過去進行形で，吹き出しのアカネの考えを be thinking of *doing* で，それぞれ描写する。3コマ目はケンの動作を過去進行形で描写し，アカネの吹き出しは彼女の希望だと推測できるので hoped that ... would ... で説明するとよい。

Some people say that we should carry our own water bottles instead of buying drinks in plastic bottles. What do you think about that?

「ペットボトルの飲み物を買う代わりに，自分の水筒を持ち運ぶべきだと言う人もいます。あなたはそのことについてどう思いますか」

Day

9

解答例

○ 同意する場合

 I agree. It is better for the environment if we stop buying drinks in plastic bottles. Also, it will save people money.
「私もそう思います。ペットボトルの飲み物を買うのをやめれば，その方が環境に良いです。また，お金の節約にもなります」

 I agree. It is better for the environment if we stop buying drinks in plastic bottles.
「私もそう思います。ペットボトルの飲み物を買うのをやめれば，その方が環境に良いです」

○ 同意しない場合

 I disagree. It's difficult to carry water bottles all the time. Moreover, we use extra water to wash the water bottles.
「私はそうは思いません。常に水筒を持ち運ぶのは困難です。さらに，水筒を洗うのに余計な水を使います」

 I disagree. It's difficult to carry water bottles all the time.
「私はそうは思いません。常に水筒を持ち運ぶのは困難です」

応答のポイント

I agree. の場合，真っ先に思いつく理由は，環境問題だろう。満点を取るには理由を2文で述べる必要があり，解答例ではお金が節約できるという2つ目の理由を2文目で挙げている。ほかにも，If the amount of plastic waste is reduced, the number of animals harmed by plastic waste will decrease. 「プラスチックごみの量が減れば，プラスチックごみで害を受ける動物の数も減ります」と，さらに具体的に環境問題に

ついて述べる答え方もある。I disagree. の場合は，解答例のように常に持ち運ぶことの難しさと，水筒を洗うことで水が無駄になることなどが理由となるだろう。

These days, some people like traveling alone more than traveling with friends. Do you think the number of these people will increase in the future?

Yes.と答えた場合 → Why?

No.と答えた場合 → Why not?

「近ごろは，友人たちと旅行するよりも1人で旅行する方が好きな人たちもいます。こうした人たちの数は将来増えると，あなたは思いますか」
「はい」と答えた場合→「なぜですか」
「いいえ」と答えた場合→「なぜですか」

解答例

○ Yes.と答えた場合 → Why?

It's easier to move around and make decisions alone. Moreover, you have more chances to make new friends by traveling alone.

「1人の方が動き回ったり，決断をしたりするのが容易です。さらに，1人で旅行することによって，新しい友人を作る機会が増えます」

It's easier to move around and make decisions alone.

「1人の方が動き回ったり，決断をしたりするのが容易です」

○ No.と答えた場合 → Why not?

Traveling alone can sometimes be dangerous. Also, in most cases it costs more if they travel without their friends.

「1人で旅行すると，時々危険なこともあります。また，友人なしで旅行すると，大体の場合高くつきます」

Traveling alone can sometimes be dangerous.

「1人で旅行すると，時々危険なこともあります」

自分は一人旅と複数での旅のどちらを好むか，その理由は何かをもとに考えると，答えを作りやすい。一人旅（Yes.）の場合は，It is difficult to enjoy the trip if someone wants to do different things than his or her friends want.「友人たちと違うことをしたい場合，旅行を楽しむのが困難です」，More and more hotels are offering rooms and services for people traveling alone.「ますます多くのホテルが，1人で旅行している人たちのために部屋とサービスを提供しています」といった理由を述べることができる。複数旅（No.）の場合は，It will be more enjoyable to have dinner if we eat with friends.「友人たちと一緒に食べると夕食はより楽しくなります」といった理由も考えられる。2つ目の理由を1つ目の理由に付け加えて述べる場合は，2文目をMoreover「さらに」で始めるとよい。

Day
9

教えて！
先生
言いたい単語が思い出せないときは

二次試験中に，使いたい単語が思い出せず，答えにつまってしまうのはよくあることです。この場合，その単語を思い出そうと時間をかけるよりは，意味の近いほかの単語に言い換えて表現することをおすすめします。例えば「われわれの環境を保全する」を表現する場合，conserve「～を保全する」を思いつかなければ，protectなどの単語で代用しても十分に言いたい内容は伝わります。また，We shouldn't damage our environment.「われわれは環境を破壊するべきではない」のように，視点を変えた表現を模索するのも1つの方法です。

Simple Japanese

Nowadays, the number of foreign people coming to live in Japan is increasing. Some of them have trouble reading Japanese. Because of this, there is a demand for websites that provide important information in simple Japanese. Now, some Japanese volunteers make such websites, and in this way they help foreign residents know what to do in an emergency. These websites will be needed more in the future.

Your story should begin with this sentence: **One day, Akira was talking with his friend Maria about planning an international cooking party.**

Questions

 No. 1
According to the passage, how do some Japanese volunteers help foreign residents know what to do in an emergency?

 No. 2
Now, please look at the picture and describe the situation. You have 20 seconds to prepare. Your story should begin with the sentence on the card.
<20 seconds> Please begin.

Now, Mr. / Ms. ——, please turn over the card and put it down.

 No. 3
Some people say that children should start learning English from a young age. What do you think about that?

 No. 4
These days, some people do not watch TV but watch online content instead. Do you think the number of these people will increase in the future?
Yes.と答えた場合 → Why?
No.と答えた場合 → Why not?

Day
10

 語 句 と 構 文

simple [símpl] 形 簡単な，やさしい
have trouble *doing* 〜するのに苦労する
demand [dɪmǽnd] 名 需要，必要

volunteer [vὰ(:)ləntíər] 名 ボランティア
resident [rézɪdənt] 名 住民
in an emergency 緊急時に

Símple Japanése

Nówadays, / the **númber** of **fóreign péople** (/)
「ザナンバラヴ」という感じで一気に

cóming to **líve** in **Japán** / is **incréasing**. / **Some** of
the numberからin Japanまでが主部

them have **trouble** (/) **réading Japanése**. / **Becáuse**
一気に読めない場合はここに短いポーズ

of **this**, / there is a **demánd** for **wébsites** / that **províde**
「ゼァリズ」とつなげる   [dɪmǽnd]のアクセント注意

impórtant informátion (/) in **símple Japanése**. /

Now, / some **Jápanese voluntéers make** such
[vɑ̀(ː)ləntíər]のアクセント注意

wébsites, / and in **this wáy** / they **hélp fóreign**
読みながら，help O do の形であることを確認

résidents (/) **know what** to **do** in an **emérgency**. /
「イナネマージェンスィ」とつなげて読む

These wébsites will be **néeded móre** (/) in the **fúture**.
[wəl]と軽く発音する

ここに
注意!

▶ 文型（SVOC）の部分，特に長い主部，節・句のかたまりを正確に把握
し，正しい場所でポーズを入れる。

▶ 正しく強弱・緩急をつけて読む。特に重要な意味を表す語句はゆっくり・
はっきり読み，複数の語で1つの意味を表すような句は一気に読む。

▶ 複数の語がつながって一体化する発音や弱音化など，辞書に掲載されて
いる発音からの変化を，音読に反映させる。

近ごろ，日本に住むためにやって来る外国人の数が増えている。彼らの中には，日本語を読むのに苦労する人がいる。このため，重要な情報をやさしい日本語で提供するウェブサイトには需要がある。今では，一部の日本人ボランティアがそのようなウェブサイトを作り，この方法で外国人居住者が非常時に何をするべきかを知る手助けをしているのである。こうしたウェブサイトはこれからもっと必要とされるだろう。

● 解答例と応答のポイント

According to the passage, how do some Japanese volunteers help foreign residents know what to do in an emergency?

「パッセージによると，一部の日本人ボランティアはどのようにして，外国人居住者が非常時に何をするべきかを知る手助けをしているのですか」

パッセージのポイント

外国人居住者向けの，簡単な日本語によるウェブサイトがテーマ。［第1文］日本に来て住む外国人が増加している，［第2文］その中には日本語を読むのが困難な人もいる，［第3文］簡単な日本語で重要な情報を提供するウェブサイトに需要がある，［第4文］日本人ボランティアがウェブサイトを作成している，［第5文］こうしたウェブサイトはますます必要とされるだろう，という構成になっている。

解答例

By making websites that provide important information in simple Japanese.

「重要な情報をやさしい日本語で提供するウェブサイトを作ることによってです」

Some Japanese volunteers make websites that provide important information in simple Japanese.

「一部の日本人ボランティアは重要な情報をやさしい日本語で提供するウェブサイトを作ります」

応答のポイント

質問中の表現の多くが第4文の後半の節に含まれており，この部分について尋ねてい

るのだと判断する。How ...? という質問に対する答えは、in this way「こうした方法で」が指し示している同文前半の部分のmake ... をBy making... に直し、これと差し替える。目的語のsuch websites の部分はそれが指し示す前文のwebsites that provide important information in simple Japaneseと差し替える。

Now, please look at the picture and describe the situation. You have 20 seconds to prepare. Your story should begin with the sentence on the card.
<20 seconds> Please begin.

「では，イラストを見て，状況を説明してください。準備時間は20秒です。話はカードにある文で始めなくてはなりません。〈20秒後〉始めてください」

イラストのポイント

[1コマ目] 戸外で話している男女。男性は女性に，「国際交流のディナーパーティーを開こう」と言っている。[2コマ目] 男性はイベントのウェブページをコンピューターで作っている。女性は店で食べ物を買おうと考えている。[3コマ目] 女性は友人たちにピザの作り方を教えている。男性は皆と一緒にコンピューターゲームをするのを楽しみにしている。

解答例

<u>One day, Akira was talking with his friend Maria about planning an international cooking party.</u> Akira said to Maria, "Shall we hold an international dinner party?" The next day, Akira was making an event web page on his computer. Maria was thinking of buying some food at the shop. That weekend, Maria was teaching her friends how to make pizza. Akira was looking forward to playing video games with everyone.

「ある日，アキラは友人のマリアと，国際交流のための料理パーティーの計画について話していました。アキラはマリアに，「国際交流のためのディナーパーティーを開こう」と言いました。翌日，アキラは自分のコンピューターでイベントのページを作っていました。マリアは店で食べ物を買おうかと考えていました。その週末，マリアは友人たちにピザの作り方を教えていました。アキラは皆とコンピューターゲームをするのを楽しみにしていました」

応答のポイント

1コマ目は指定の文で始め、吹き出しのアキラの発言を続ける。2コマ目はアキラの行動を過去進行形で描写する。マリアの吹き出しはこれからしようと思っていることなので、*be* thinking of *doing* を使って説明する。3コマ目はマリアの行動を過去進行形で描写する。アキラの吹き出しは解答例のように looking forward to を使って表すほか、Akira was thinking of playing video games with the friends. といった文も考えられる。

No. 3

Some people say that children should start learning English from a young age. What do you think about that?

「子どもたちは小さなころから英語を学び始めるべきだという人もいます。あなたはそのことについてどう思いますか」

解答例

同意する場合

I agree. It's easier for young children to learn English. Also, if they start studying early, they can have more time to study.

「私もそう思います。小さい子どもの方が楽に英語を学べます。また、早期に勉強を始めたら、勉強する時間をより長く持つことができます」

I agree. It's easier for young children to learn English.

「私もそう思います。小さい子どもの方が楽に英語を学べます」

同意しない場合

I disagree. It's more important for young children to learn their first language. They can learn English later when they need it.

「私はそうは思いません。小さな子どもたちは自国語を学ぶことの方が重要です。英語は後で必要になったときに学ぶことができます」

Day 10

I disagree. It's more important for young children to learn their first language.

「私はそうは思いません。小さな子どもたちは自国語を学ぶことの方が重要です」

応答のポイント

I agree. の場合は，小さなうちから英語を学ぶことのメリットを2つ述べる。解答例のように，若いほど学びやすいということと，早く始めるほど長く勉強できるという理由が，わかりやすく説明しやすいだろう。I disagree. の方は，解答例のように母国語学習の重要性を説くほか，It is difficult to motivate small children to study English. Also, older students can learn complicated grammar better.「小さな子どもに英語を勉強することを動機づけるのは困難です。また，年上の生徒の方が複雑な文法をよりよく学べます」というように，小さなころから学ぶことのデメリットを述べることも考えられる。

No. 4

These days, some people do not watch TV but watch online content instead. Do you think the number of these people will increase in the future?

Yes.と答えた場合　→ Why?

No.と答えた場合　→ Why not?

「近ごろは，テレビを見ずに，代わりにオンラインコンテンツを見る人もいます。こうした人々の数はこれから増えると，あなたは思いますか」
「はい」と答えた場合→「なぜですか」
「いいえ」と答えた場合→「なぜですか」

解答例

○ Yes.と答えた場合 → Why?

People can choose at any time which program to watch online. Also, online programs don't have as many commercials as TV programs do.

「オンラインではいつでもどの番組を見るかを選ぶことができます。また，オンラインの番組にはテレビ番組ほど多くのコマーシャルがありません」

People can choose at any time which program to watch online.

「オンラインではいつでもどの番組を見るかを選ぶことができます」

○ No. と答えた場合 → Why not?

Information from TV programs reaches more people. In addition, people can get more reliable information on TV, especially from the news.

「テレビ番組の情報はより多くの人々に届きます。さらに，テレビでは，特にニュース番組からは，より信頼性のある情報を得ることができます」

Information from TV programs reaches more people.

「テレビ番組の情報はより多くの人々に届きます」

応答のポイント

Yes. / No. どちらの解答の場合も，自分が推す方式の優れている点を2文で表す。Yes. の場合は解答例のほかに，There is a larger variety of online videos than TV programs.「テレビ番組よりもオンライン動画の方がバラエティに富んでいます」，Online videos are more exciting than TV programs. Sometimes online content cannot be shown on TV.「オンライン動画の方がテレビ番組よりも刺激的です。オンラインコンテンツにはテレビでは見られないものもあります」といった解答が考えられる。No. の場合は，There are too many online videos to choose from. It is difficult to find good ones.「オンライン動画の選択肢は多過ぎます。良いものを見つけるのは困難です」，TV shows are better because they are made with more money. Online videos are often made with too little money.「テレビ番組の方がお金を使って作られているので，内容が良いです。オンライン動画はしばしばほとんどお金をかけずに作られています」といった解答が考えられる。

Day
10

ここでは，No. 3とNo. 4で自分の意見を述べるときに役立つ，重要表現・語句をまとめました。音声を聞いて何度も口に出して読み，練習しましょう！

● 重要表現

● I think / I don't think (that 節) 「～だと思う／思わない」

I think we should keep the rules we have made.
「自分たちが決めた規則は守るべきだと思います」

I don't think we need to reply to every e-mail from friends.
「友人から来たEメールの全てに返信する必要はないと思います」

● should / shouldn't 「～すべき，した方がよい／すべきではない，～しない方がよい」

Parents **should** trust their children.
「親は自分の子どもを信用すべきです」

We **shouldn't** bring up that topic at the meeting.
「会議ではその話題を持ち出さない方がよいでしょう」

● need to *do* 「～する必要がある」

People **need to** think more about reducing food waste.
「食品廃棄物を減らすことについてもっと考える必要があります」

● would rather *do* (than ...) 「(…するより) むしろ～したい，する方がよい」

I **would rather** stay home **than** go shopping in the rain.
「雨の中買い物に行くぐらいなら，家にいる方がいいです」

● will / won't (be able to *do*) 「～ (できる) ようになる／ならない」

We **will be able to** travel from Tokyo to Osaka in about an hour by linear motor car.
「リニアモーターカーで東京から大阪まで約1時間で行けるようになります」

● It is ... (for A) to *do* 「(A が) 〜するのは…」

It is difficult **for** small children **to** sit quietly for a long time.
「小さな子どもが長時間静かに座っていることは困難です」

● a (good/better) way (for A) to *do* 「(A が) 〜する (良い/より良い) 方法」

It is **a good way for** children **to** learn English.
「それは子どもが英語を学ぶ良い方法です」

● too 「〜過ぎる」, too ... to *do* 「…過ぎて〜できない」

Many of them are **too** busy **to** have balanced meals.
「彼らの多くは忙し過ぎてバランスの良い食事を取れません」

● 動名詞を主語にした構文 「〜することは」

Having a pet is an enjoyable experience.
「ペットを飼うのは楽しい経験です」

● I've heard (that 節) 「〜だと聞いたことがある」

I've heard the band is very popular among young people.
「そのバンドは若い人たちの間でとても人気があると聞いたことがあります」

● help A (to) *do* 「Aが〜するのを助ける, するのに役立つ」

The robots **help** elderly people **to** move more easily.
「そのロボットは高齢者がもっと楽に動くのを助けます」

● learn about 「〜について学ぶ」

We can **learn about** the cultures of different countries by watching foreign movies.
「外国映画を見ることでいろいろな国の文化について学ぶことができます」

● 重要語句

● 時を表す語句

today「現在は」, **these days**「近ごろは」, **in the future**「将来」

● 2文目を導く語句

also「また」, **for example**「例えば」, **instead (of ～)**「(～の) 代わりに」

● 数量を表す語句

many「多く (の)」, **a lot (of ～)**「たくさん (の～)」, **most**「大部分 (の)」, **only a few [little]**「ごくわずか」, **few / little**「ほとんど～ない」

*few= 可算, little= 不可算

● 比較表現を用いた数量を表す語句

more「より多く (の)」, **more and more**「ますます多く (の)」, **fewer [less] than**「～より少ない」

*fewer= 可算, less= 不可算

● 動詞などを修飾する副詞

now「今や, 今では (～する)」, **already**「すでに (～する)」, **even**「～しさえする」

● 利点や良いことを表す語句

healthy「健康的な, 健全な」, **necessary**「必要な」, **essential**「必要不可欠な」, **important**「重要な」, **convenient**「便利な, 都合の良い」, **valuable**「価値のある」, **worth (A / *doing*)**「(Aの/～する) 価値がある」, **effective**「効果的な」, **easy**「簡単な, 楽な」, **easily**「簡単に, 楽に」, **useful**「役に立つ」

● 欠点や悪いことを表す語句

dangerous「危険な」, **harmful**「有害な」, **bad**「悪い」, **wrong**「誤った」

● 環境に関して述べるときの語句

environment「環境」, **pollution**「汚染, 公害」, **carbon**「炭素, 二酸化炭素」, **carbon dioxide**「二酸化炭素」, **atmosphere**「大気, 雰囲気」, **energy**「エネルギー」, **electricity**「電気」

● 技術・社会問題などのトピックに関して述べるときの語句

digital [electronic] money「電子マネー」, **abroad**「海外に」, **globalization**「世界化, グローバリゼーション」, **volunteer activities**「ボランティア活動」, **medical care**「医療」, **social welfare**「社会福祉」